KANICHI BUNSO
观日文丛

赵京华 主编

思想构筑未来

中日思想文化读书记

赵京华 著

知识产权出版社
全国百佳图书出版单位
—北京—

图书在版编目（CIP）数据

思想构筑未来：中日思想文化读书记/赵京华著. —北京：知识产权出版社，2022.4

（观日文丛/赵京华主编）

ISBN 978-7-5130-7770-5

Ⅰ.①思… Ⅱ.①赵… Ⅲ.①比较文化—中国、日本—文集 Ⅳ.①K203-53②K313.03-53

中国版本图书馆 CIP 数据核字（2021）第 202827 号

责任编辑：李　硕　　　　　　　　责任校对：潘凤越
封面设计：杰意飞扬·张　悦　　　责任印制：刘译文

思想构筑未来
——中日思想文化读书记

赵京华　著

出版发行：知识产权出版社有限责任公司	网　址：http://www.ipph.cn
社　　址：北京市海淀区气象路50号院	邮　编：100081
责编电话：010-82000860 转 8342	责编邮箱：lishuo@cnipr.com
发行电话：010-82000860 转 8101/8102	发行传真：010-82000893/82005070/82000270
印　　刷：三河市国英印务有限公司	经　销：新华书店、各大网上书店及相关专业书店
开　　本：880mm×1230mm　1/32	印　张：10.625
版　　次：2022年4月第1版	印　次：2022年4月第1次印刷
字　　数：200千字	定　价：59.00元
ISBN 978-7-5130-7770-5	

出版权专有　侵权必究

如有印装质量问题，本社负责调换。

观日文丛
缘 起

"观日",自然是观察和叙述日本的意思,但本丛书是从中国的视角出发来观察邻国日本,因此也就同时包含了中日之间思想文化的种种"接点",呈现了双向交叉、彼此对话的关系。这是本丛书收入作品的共同特点之一,即以中日近现代思想、文化、艺术的关涉为主题,从东亚区域的视角出发,侧重挖掘和描述中国与日本之间多被遗忘的各种复杂关联,以及当代日本文化的众生相。

日本是一个复杂的观察客体,中日近现代关系更是十分缠绕,难以述说清楚,需要人们从总体性的方面和综合的文化视角加以观照。而在人文社会科学不断分科细化、研究题目渐趋专业窄化并形成通观障碍的当今,努力打通学科壁垒,实现交叉跨越,从而获得对观察对象的整体观感,也就显得十分重要。

本丛书的作者们都是在大学或研究机构从事教学科研的学者,在各自的领域自然要根据学术规范生产一些专业性研究论文。然而,为了打开视野、把握日本或中日关系的大势，我们也时常跨出专业领域，写作一些跨学科乃至跨文化的尝试之作。这些文章文体灵活机动，往往取不拘一格、率性而谈的形式，反而可以直抒胸臆，达到通观全局的效果。本丛书所收的大概是这样一些文章的结集，称之曰学术随笔或知识小品均无不可。

  对学术之外的现实关怀，也是本丛书作者们共通的追求。那就是，在当今东亚局势扑朔迷离、复杂多变的情况下，以文化搭桥实现民间的对话互动，就成为促进相互理解的不可或缺的重要力量。我们希望，未来的东亚能够成为一个和平共生而彼此和睦的共同体。如果本丛书可以起到加深东亚各民族文化沟通、推动心灵交流的作用，或至少帮助中国读者打开几扇了解日本的窗，那么丛书作者们哪怕付出再多辛劳，也在所不辞。

  以上，是我们编辑这套"观日文丛"的缘起。

赵京华

2021 年 10 月 23 日

小 引

本书是我近十年来所写学术随笔,一如副题"中日思想文化读书记"所示,无外乎透过各种书籍的阅读以观察日本、中国乃至中日之间的复杂关联,内容亦大致局限于文化思想、文学研究和日本书籍翻译方面。我所努力的,是将书本知识与现实状况对接,不做孤芳自赏式的知识炫耀,而是以读书阅世、读书明理的姿态体察日本社会的变动和发展,关注中日之间思想文化的你来我往,并从东亚同时代史的视角把握历史和当下林林总总的问题。

关于"东亚同时代史"视角,我在本书有详细阐发。简单地说,就是改变以往在一国内部或东西方关系结构中思考问题的习惯,取"区域"的视角来看中、日乃至两者间近代以来的各种思想文化现象。我想通过钩沉其相互冲击、彼此互动的事实关联,以达到认识他者、反思自身并重构未来世界图景的目的。

然而,讲日本、论中日关系谈何容易。一方面中日近邻,同处于地球上亚洲东北部的一角,但一百年多来争执不断,甚至发生了惨烈的殖民侵略与反殖民侵略的战争。这在中国人的身心留下了深深的伤痛。一有风吹草动，仇恨就会突然爆发出来，令人无法平心静气地面对这个"邻居"。毕竟历史上那场侵略战争给中国人带来了莫大的屈辱和苦难，甚至造成了中日两国友好交往历史的断裂。另一方面有一些中国青年对日本的商品制作、工艺设计、影视动漫等情有独钟，往往"哈日"有余而对其背后的文化根底和民族气质所知甚少。总之无论哪种情况，都需要我们涵养一种冷静而能贯通历史与现实的眼光。

我读书作文，常常记着这样一句有关中日两国关系的名言——两千年友好，五十年干戈。意思是说两国之间虽有不幸"操戈"的事实不能忘记，但要有大政治家宽阔的心胸和气度，有容乃大而能放眼于未来。虽然我们一般人很难做到，但不妨以此为座右铭。也就是说，我们谈日本要切忌感情用事，对其"国家膨胀"殖民扩张的过去必须严加批判而警钟长鸣；同时，对当代一些日本人反省战争、建设和平发展与文化国家的努力，也要充分肯定并借鉴其成功经验。论中日思想文化的关联与比较，也一样需要我们本着虚心坦怀的精神，从事实出发，努力挖掘不同民族文化汇通的经验，以有益于今天的两国文化交流。

总之，我根据自己长年留学日本的实际体验以及与现实状况相接的阅读习惯，努力描绘中日文化交往的历史和未来图景，力争给读者呈现一个相对真实的日本，此乃我最大的心愿。至于成绩如何,那就要待读者诸君开卷品评了。

2021 年 2 月 23 日

目 录

Ⅰ 思想交汇场

003　道德重建与凡人的修养
009　橘朴与"二战"以前日本的中国论述
030　从东京审判到普遍正义
042　日本战后启蒙与最后的知识人
067　东亚论述的丰饶意味
077　走出"求法"与"传道"的留学怪圈
100　社会的新陈代谢与词语的推陈出新
112　后现代批评与知识左翼立场
116　构筑中日间的东亚同时代史
128　历史化与语境化

Ⅱ 文学同时代

139　日本战后思想史语境中的鲁迅论

167　国家与战争的文学隐喻
177　文学编年史与阅读的解放
182　原版影印与流动的时代
186　周氏兄弟与日本
190　大时代与思想者
196　大时代与历史观
201　在世界主义与民族主义之间
223　一湾"春水"现人间
235　文学的固有力量

Ⅲ　译介工作坊

241　与柄谷行人一起重读"起源"
253　思想构筑未来世界的图景
266　"无方法"的方法
277　事件史与精神史的省察
286　松枝茂夫致周作人函
291　人歌人哭大旗前
296　亚洲叙述的历史与当下
300　近代日本的知识考古
306　"必定轰动世界"

附　录

313　以东亚同时代史角度寻求中日真正和解　　邓　郁

I

思想交汇场

道德重建与凡人的修养

日本著名农学家、思想家和教育家新渡户稻造的《修养》(1911)作于百余年前,在其国风靡一个多世纪之后,如今终于有了中文译本而得以在汉语读书界流传。我在欣喜之余也不禁左思右想,在当下中国,我们该如何阅读和接纳这部来自域外的、讲道德和人格修养的著作,怎样理解作者的思想立场和问题意识并有效地切入书中的世界,社会道德的秩序重建和每个公民人格修养的养成两者之间构成怎样一种逻辑关系,等等。

新渡户稻造(1862—1933)是一位对日本明治时代影响巨大的历史人物,其复杂的个人经历、广泛的社会活动和独特的学问思想为《修养》一书的写作奠定了基础。他出生于传统的武士之家,早年就读于札幌农学校,并在该校外聘的美国教师的影响下接受了基督教洗礼。从东京帝国大学英语和农业经济学科毕业后,他又远涉重洋留学美国霍普金斯大学;1891年回到日本后,在札幌农学校、京都帝国大学等担任教职。日俄战争前后,日本于内部开拓北海道,在海外开始领有萨哈林、朝鲜半岛、中国东北等地区。新渡户稻造在此种背景下于京都、东京两帝国大学首次开设"殖民政策学"讲座，逐渐确立起为帝国日本提供海外殖民统治技术的学问。这个学问体系经历1945年的战败而被更名为"地域研究"（区域研究），一直保留在日本的大学学科体制中。除了农业经济学和殖民政策方面的学术成就，新渡户稻造还曾担任东京第一高等学校、东京女子大学校长等职务，是一位名副其实的教育家。晚年的他则出任过国际联盟事务次长，于世界各地推动和平友好事业，成为当时日本少有的国际主义人士。可以说，他是典型的"明治教养人"，既有忠诚于明治国家的浓重观念，兼具"自由民权"和个人独立的志向，又以贯通古今东西的思想学问开拓出高远的国际主义视野。

《修养》的初版于明治末年问世。那时正是近代日本通过"文明开化"和"殖产兴业"而初步完成民族国家制度建设的阶段。日本与周边两大帝国——清帝国和沙俄的两场战争的胜利，使日本人在海外扩张上形成了基本的民族认同。在这个阶段，已经初步达成"富国强兵"目标的日本国家，其最重要的课题就是如何塑造新型的、均质化的、可以效忠国家的"新国民"。正因此，明治末年开始出现有关"日本人论""日本国民性论"等书籍流行一时的趋势。这时身在这个国家体制的内部担任教育方面重要职务的新渡户稻造，自然会对此种塑造和培养"新国民"的时代要求抱有自觉的意识。然而，我们翻阅《修养》一书，却发现其中并没有当时弥漫于各类国民性论和谈教养书籍中的那种浓重的国家主义意识和国民道德论色调。作者新渡户稻造一再强调，其主旨在于为平凡人建立个体人格的修身标准，其最大的心愿也不过是"为迷茫者指明方向，为气馁者增添力量，为哭泣者擦去眼泪"以"抚慰不满者的心"而已。

在我看来，《修养》的一大特色正是这种淡化政治因素而从现代人个体人格的确立角度切入道德修身问题的低调策略，也是此书能够超越时代限制而博得广泛好评且畅销不衰的原因所在。当然，在作者新渡户稻造那里，为国家培养"国民"的意识并非不存在，如书中谈"储蓄"的章节就提到，假如一个人"为国家培养出来的是几位善良的国民，这也是对国家的贡献"，而具备储蓄意识的人往往思维缜密，"日后必然会成为能为国为民作出贡献的公民"。但这也是以健全个体的人格、提高公民的一般道德修养为前提的。由于作者新渡户稻造更看重公民道德修养的实践意义，所以有意识地避开理论上的"个人主义与国家主义"的二元论述框架，认为以此"框架"讨论修养，"有时也许会看出貌似重大的实际问题。但实际上，这些问题没多大必要应用于人世间"。因此，《修养》一书的论述具有更贴近个人道德实践的特征和广泛的适用性，避开了单纯为日本民族国家提供塑造"国民"的劝谕等急功近利的政治性道德说教。

《修养》依据作者复杂的人生经验和社会阅历，融汇古今东西的思想学问，从青年的立志到信念勇气的建立，再到克己慎思和为人处世的道德修养，始终以优化个人人格为论述宗旨，重点强调修身立诚的道德实践性。新渡户稻造试图为普通人提供在平凡中超越平凡、于日常中克服凡庸的道德说法，从而将思想学问化成智慧，以经验和阅历铸成一条条生命的箴言，所以《修养》特别适合青年阅读。又由于淡化了为特定国家塑造"国民"的论旨，日本以外的读者也会从中受益而不至于产生隔阂之感。书中也有几处将西方人与东方人进行比较以说明日本人某些弱点的地方，但并非以近代西方标准裁断东方人的那种"文明与野蛮"二元对立式的论调，反而常常把东西方的智者圣贤平等地视为普通人道德修养的智慧源泉。比如谈到"克己"，作者就强调孔子的"从心所欲，不逾矩"乃是克己的最高境界，而被钉在十字架上忍辱负重的耶稣能够克服自己喊出"我战胜了世界"，则是克己的最高典范。

在平凡中超越平凡、于日常中克服凡庸，这是《修养》为青年的人格塑造确立的基本目标，而判断是否道德或有修养的标准则是"常识"。因为在新渡户稻造看来，日常之中人们的职责和使命多是平凡的，所以需要"靠常识来判断"。也就是说，这个"常识"看似简单，比如中学教科书程度的、为现代科学所证实的普通知识，或者人类千百年来积累的最基本的善恶判断尺度等，但作为平凡人能否持之以恒、一生立志从善并落实到日常的一言一行，则非常困难。更何况，讲平凡人的"修养","目的在于阐述人们平时尽自己的职责时所需要的精神准备，而不是希望你一跃成为英雄豪杰，做惊天动地的大事，得到世人的喝彩。功名富贵不应该成为修养的目的。自省而果敢，即使贫穷内心也会满足，即使受到诽谤也会自得其乐，即使身陷逆境也会感到幸福，怀着感激之情度过每一天。"（《修养》，王成、陈瑜译，中央编译出版社2009年版）可以说，新渡户稻造为平凡人确立的修养目标是极平凡但也非常高远的，其中包含了丰富的人情物理和道德实践的经验。这与从形而上的理论或道德规范的制度层面确立的社会道德体系不同，是以形而下的个人角度思考现代人道德行为的尺度。

我认为，为公民社会中每个普通人建立日常的道德行为尺度以优化其人格修养，这在当下，尤为重要。自晚清以来，中国便一直处于社会道德和伦理体系的崩溃和重建过程之中，配合社会政治、经济、法律的变革，以五四新文化运动为起点的现代道德伦理体系的重建历经波折，依然没有达到完善的程度。如今又遇到消费社会的来临和重商主义横行的冲击，道德秩序比起形而上的道德逻辑体系，更在于平凡人即现代社会中的每个公民的道德修养建设。在百余年之前，五四新文化运动的思想领袖陈独秀就曾疾呼"吾人最后之觉醒"乃"伦理之觉醒"。也就是说，社会政治、经济、法律的变革必须以个人、家庭的伦理变革为前提。同样，社会道德也需要以每个公民人格修养的优化为基础。从这个意义上讲，新渡户稻造的《修养》虽然作于百余年前，但其内容并不陈旧，方法和视角都还有值得我们借鉴的地方，值得一读。

2009 年 5 月

（原题为《凡人的修养》，载《读书》2009 年第 6 期）

橘朴与"二战"以前日本的中国论述

一

这些年来,我主要从事日本后现代批评的研究,同时也涉及"二战"前后日本对中国的论述。2011年,我在人民文学出版社出版了《周氏兄弟与日本》一书,其中有一半篇幅介绍了战后日本的鲁迅研究,从竹内好一直到现在的代田智明。顺着这条线索继续往上推,则是做"二战"以前日本人有关中国的论述,而且不仅仅在文学方面,更多涉及明治维新以来一些人士对中国社会思想以及文化历史的整体分析等。以前,我们称这些为"汉学"或者"支那学",如今叫"日本中国学"。这些都属于知识生产范畴。

这里我简单说明一下,"支那学"曾经是个普通的称谓。但是,"二战"前日本国家乃至一般国民称中国为"支那",其中就渐渐包含了蔑视和贬损的含义。按照日本学者山室信一的说法:"支那"一词被禁用始于1946年6月日本外务省次官的讲话。其中提到,"二战"后中华民国政府公开或私下不断提出要求，日本官方接受此要求后，对官厅、报纸、出版社发出"通知"，禁止再用"支那"一词。同年7月，日本文部省次官也向大学、中专发出了同样的通知。（《摩登词汇的世界》，岩波书店2021年版）所以，如今这个词已经很少被使用了。然而，我们在回顾"二战"以前的历史之际，有的时候避不开"支那"或"支那学"这一称谓。我今天要向大家讲的就是近代日本的中国学研究。具体地，我是要回顾一下明治维新以来日本各界人士是如何观察、认识中国的，这些有关中国的知识生产是在怎样的背景下产生，其成就和问题在哪里，等等。

我们知道，一提到"支那学"，它的一个代表就是京都学派，其水平的确非常高。比如内藤湖南、宫崎市定等学者讲唐宋转变，延伸到中国从宋代到近代如何发展出一条既有近代资本主义元素又和西方不同的现代化路线。实际上整个"二战"以前的日本对于中国的知识生产，一方面达到了很高的水准，有些成果我们今天还可以参考、使用；另一方面其背后是由国家推动的。日本帝国主义的海外扩张带动起战前日本知识人观察、研究中国的热情，这也就难免使他们自觉或不自觉地在有关中国的知识生产中带上一种可谓"帝国主义视线"的东西。所以我认为，"二战"以前日本有关中国的知识生产总体上具有"殖民地学"的特性，这一点在今天尤其有必要注意。

为什么呢？我们看20世纪80年代以后，中国对

"二战"以前日本中国学的介绍很多，包括90年代出版的十卷本《日本学者研究中国史论著选译》（中华书局1992年版），基本上日本学者重要的研究成果都被翻译介绍过。而进入21世纪以来，研究日本中国学的论述也逐渐增多。但是，在介绍"二战"以前日本有关中国的知识、学术、思想的时候，中国学者往往忽视其背后的帝国主义视线，或者说一种殖民地学视野。对于"二战"以前日本人为配合帝国主义向海外扩张推行殖民主义"国策"而进行的知识生产，如果研究者不注意这一点，就会忽视其知识背后的文化政治，不自觉地把"殖民知识"也吸收进来，这是很危险的。对于其中的政治性我们必须加以深入的解构。

二

我今天要讲的第一点就是这种知识生产是在怎样的政治背景下产生的，它的基本状况如何。一个时代的知识生产，归根结底要受到该时代世界政治格局和社会结构变动的影响，并从其中获得研究的根本动力。因此，在回顾和探讨过去时代的知识生产之际，我们不能仅仅局限于技术层面的考察，还要深入知识和时代、社会相互交错的复杂关系，从而了解它背后的文化政治。如果期待过去时代的知识生产得以传承，成为我们当下知识的资源，那么就更需要对其背后的权力、政治和意识形态进行不断的解构和批判性省察。讨论日本"二战"以前有关中国的知识生产，也应该在这样一个原则下进行。

我要讲的第二点，就是明治维新以来日本有关中国的观察、评论与研究，其知识生产往往带有一种殖民地学的色彩。19世纪70年代世界进入帝国主义时代，日本经过明治维新和两场对外战争——一场是中日甲午战争，另一场是日俄战争，成为新兴的帝国和东亚区域内的中心国家。到了第一次世界大战后，日本基本上已经完成现代化，开始参与到世界秩序的重组当中。举一个简单的例子，日本参加"一战"，虽然没有直接投入兵力，但是它为欧洲战场生产了大量的武器。武器生产直接推动了日本重工业的发展。也可以说，日本在明治维新以后，其工业化的实现最后是以参与第一次世界大战为标志的。至此，日本开始在利益均沾原则下和西方列强一起分赃"一战"果实，这也就有了"二十一条"以及后来的五四运动，而与中国的近代史直接关联到一起了。到了1931年"九一八"事变爆发之时，日本实质性地迈出向海外殖民扩张的脚步，并走上一条不归路。因此，也就有了1945年日本帝国的彻底覆灭。在这样一个逐渐走向帝国主义并实行海外殖民扩张的国家发展大背景下，近代日本有关中国的知识生产，逐渐带动起其国内政治家、学者、新闻媒体从业人员等各界人士关注中国的热情高涨。

近代中国自辛亥革命以后有大量日本人涌入，鲁迅和周作人经常和他们中的一部分人交往，而且各色人等都有。在这样一种情况下，可以将那时日本对于中国的认识分为官、学、民三个层面，这就涉及今天我要讲的第三点：近代日本有关中国的知识生产的三种类型。第一种类型是以政治家、外交官和各路国家战略论者为代表的有关中国政治、时局和革命运动的论述，具有强烈的官方色彩。第二种类型是以京都学派为代表的运用西方现代学术，特别是以德国文献学的方法研究中国的历史与文化的学院派的"支那学"。这是日本学术界有关中国的研究，也可以包括20世纪20年代以后的日本马克思主义学者有关中国社会的研究。第三种类型是迎合帝国日本对亚洲大陆的殖民扩张政策以及国民的政治文化关心而产生的所谓"支那通"趣味本位的中国论，典型的例子如井上红梅、后藤朝太郎等的观点。这种中国论大多出自当时在中国的日本浪人或新闻从业人员之手，比较通俗甚至低俗，但在普通日本国民的阅读层面有广泛的影响力。例如，井上红梅曾是《阿Q正传》在日本的译者之一，同时是沉溺于"支那五大嗜好——吃喝嫖赌戏"的所谓"支那风俗研究家"。鲁迅在1932年11月7日致增田涉的信中对其有如下评语："井上红梅氏翻译拙作，我也感到意外，他和我并不同道。但他要译，也是无可如何。近来看到他的大作《酒、鸦片、麻将》，更令人慨叹。"（《鲁迅全集》第13卷，人民文学出版社1981年版）总之可以说，当时日本有关中国的知识生产主要是由官、学、民三种力量联合承担的。

中国学者以前多关注以京都学派为代表的"支那学"学者，如从内藤湖南到宫崎市定，其中又包括狩野直喜、铃木虎雄、青木正儿，还有吉川幸次郎，等等。他们以实证的方法研究中国的古典，包括政治、历史、文学、艺术等。京都之外，东京的汉学在近代日本也有很高的成就。例如，东京帝国大学"支那文学科"的教授盐谷温（1878—1962），与鲁迅也有交集。在文学史上有一桩公案，说鲁迅的《中国小说史略》抄了盐谷温的《支那文学概论讲话》，其实不然。我对此做了一些调查研究，并有论文（《国民时代的中国文学史编撰体制之创建——鲁迅与盐谷温的学术互动与政治歧途》）发表。盐谷温用西方的实证方法率先研究中国的古典，尤其较早关注通俗的"国民文学"，即宋元至近代以来的戏曲、小说，在中日学术界得到较高评价。他对宋元戏曲和明清小说的研究成果，尽管先于鲁迅两三年发表，但此前也受到王国维的极大启发。盐谷温之后对鲁迅写作《中国小说史略》十分敬佩，甚至在大学里将此书作为教材使用，而且两人之间还有资料上的交换。可以说，新的中国文学史编撰体制是在20世纪20年代前后由中日两国学者共同建构起来的，那些人中就包括鲁迅与盐谷温。

那么，我今天为什么要以橘朴（1881—1945）为中心呢？原因在于，橘朴是一个很特殊的存在，很难将其归到我前面所说的那三种类型中。1931年以前，他基本上是与日本国家保持距离的，认为自己是一个在野的布衣学者，完全持民间立场。的确，从1906年来到中国一直到1931年前后，他在二十几年间写了好多有关中国社会及历史文化的评论文章，特别是在道教的研究上很有成就。他一直在新闻媒体界工作，是一些报纸和刊物的主笔，但与井上红梅、后藤朝太郎等所谓的"支那通"不一样，其中国研究达到了相当高的水准。在这方面，在"二战"以前的日本只有一个人可以和他一比，那就是尾崎秀实。大家应该知道他的名字，因"二战"期间的佐尔格国际间谍案，在中国有一些知名度。尾崎秀实于1930年前后在上海做新闻记者，并直接参与中国的左翼文化运动。鲁迅和他多次见面，称赞他"德语很好，人也坚实"。（增田涉：《鲁迅的印象》，角川书店1970年版）后来，尾崎秀实有相当高水平的关于中国社会和革命的论著刊行于世。总之，他与橘朴同为有别于学院派"支那学"学者的新闻评论人和中国问题观察家，对近代中国社会及革命有深刻的了解和同情，他们的言论又远远超越了趣味本位的"支那通"而达到可谓卓越的程度。这是我关注橘朴的第一个原因。

但同时，橘朴也有他的问题。1931年"九一八"事变以后，他发生了政治思想上的"方向转换"，就是从一个民间的新闻评论人和中国问题观察家转变成与帝国日本合作、配合关东军经营伪满洲国的重要人物。而且，他提出"王道自治"这样一种所谓的"建国"理念。其中有一部分被日本国家所采用，所以有人称他为伪满洲国的"建国"理论家。"二战"爆发以后，橘朴回到日本，又参与了当时近卫内阁的智囊团组织——昭和研究会，成为其中的一员。20世纪40年代以后，他提出"东洋共同社会论"，实际上是一种对抗"西洋利益社会"、从理论上论证"大东亚共荣"这一帝国日本国家战略的观点。当然，他对日本的"大陆政策"也有批评。就是说，橘朴在后半生有一个从民间走向帝国主义国家的立场转换过程，在他身上可以看到19世纪末至20世纪初日本对于中国知识生产的两面：一方面在学术和知识上达到了相当高的水准，另一方面受到帝国主义国家权力的笼罩。尤其是在帝国日本走上称霸世界和殖民战争之不归路的20世纪30年代，这些知识均被吸纳到殖民主义海外经营的"国策"中。或者说，帝国日本主导的"大陆政策""大东亚共荣论"已然成为后期橘朴等人有关中国之知识生产的不言自明的前提。所以，橘朴也可以作为一个"二战"以前日本的中国论述的典型个案。这是我关注他的第二个原因。

橘朴和鲁迅有过一面之交，而且鲁迅对他的评价很高，说他"比我们中国人还了解中国"。（《鲁迅的印象》）到了1936年，橘朴发表的各类文章被结集为两本著作，一本是《支那社会研究》，另一本是《支那思想研究》，分别在当年6月、7月由日本评论社出版。我看同年8月的鲁迅日记，就有在内山书店购买这两本书的记载，可见鲁迅对橘朴一直保持关注。另外我还查到，《鲁迅手迹和藏书目录》（北京鲁迅博物馆1959年编印）里有《支那研究》这样一本杂志。《支那研究》就是橘朴主办、于1924年10月创刊的一个定期刊物。鲁迅博物馆馆藏的这本刊物，上面还有"赠呈"的印章，应该是橘朴寄送给鲁迅的。不过，如果鲁迅看到1931年以后橘朴的转变，大概也会说自己与他不同道吧。因为鲁迅是不相信"满洲国"有什么"王道"的。另外，在调查橘朴和鲁迅的关系时，我发现橘朴是一个重要的历史人物，可是我们以前根本不了解也没有介绍过。

三

下面我就以橘朴为中心考察"二战"以前日本有关中国的知识生产，看看它有哪些特色，哪些可以为今天的我们批判性地采用。刚才我提到橘朴在1906年来到中国，当时是《辽东日报》的记者。他在1916年开始和日本的民俗学家中野江汉着手研究中国的道教。经过六年左右的时间，到1922年他出版了一本编著《道教》作为这一阶段研究成果的总结。也就是说，橘朴是从研究道教入手来观察中国的。他首先从底层社会调查和道教经典解读两个方面入手，对包括老子思想、神仙方术和民间俗信在内的各个方面进行综合考察。为了和当时一般道教研究主要关注老子以下的经典道教相区别，他与中野江汉一起提出"通俗道教"的概念，由此构成其中国研究的基础。自20世纪初以来，国外汉学家和中国本土的研究者已经开始注意道教在旧时中国社会和文化传统中的重要地位，相关的论述也陆续出现。然而橘朴的道教研究，正如他自己将其定义为"通俗道教"那样，尤其关注渗透到社会底层的民间道教，并将其提升到一般宗教信仰的层面加以分析，以实地观察和人类学、社会学相结合的研究方式，为我们了解旧时中国人的生活、思想、信仰提供了重要线索，也构成了橘朴中国研究的第一个独特概念。

橘朴从中国文明起源与演变的大视野出发，提出"儒教非宗教，道教才是中国之民族宗教"的看法。他认为，两千年以前的"原始儒教"的确是以"上帝"为本尊的真正宗教，但是随着后来统一的政治组织的出现，统治与被统治的关系扩展到全社会，导致单一朴素的民族宗教亦被投上阶级的阴影而发生分裂。结果，它的一部分为统治阶级所掌握而成为儒教的源流，另一部分则被保留在被统治阶级的朴素民族教之中而逐渐演化为道教。原始儒教到了周朝末期已然失去其宗教性而成为国教，即统治阶级支配被统治阶级的政治工具和道德范型。因此橘朴提出，儒教并非宗教而道教才是渗透到旧时中国人社会并左右其思想、行为的宗教信仰。

橘朴视道教为旧时中国人真正的宗教信仰，虽然承认其中有迷信的成分并有所批评，但总体上表示出极大的同情和肯定。他注意到，西方传教士在中国传播基督教时曾受到道教的阻碍，便以西方标准断定中国人是非宗教的民族、道教是非宗教的迷信。橘朴认为，这完全是一种偏见。"道教包含着很多迷信的分子虽为不争的事实，但其教义的本源来自中国民族必然发生的特别属性，正所谓民族性的宗教。它虽然无法与基督教和佛教相比肩而成为人类普遍适用的，但我们有充分的理由承认它是一个卓越宏伟的宗教。"（《橘朴著作集》第1卷，劲草书房1966年版）不过橘朴也承认，道教虽然在将道德实践和幸福追求置于同一层面这一点上与佛教和基督教相似，但它最大的缺欠是没有人格神作为信奉者的道德模范。无论是老子、吕祖，还是张道陵、王重阳等，他们虽有超自然的风骨而受到高扬，但其人性即道德价值却完全没有得到阐发。结果，一些旧时的道教信徒趋于功利的追求，为作恶入地狱的恐惧心理和因果报应的道德律所禁锢，做出许多低级恶俗的行为。换言之，道教信仰缺乏伟大的人格神之净化力量，过度的现世性"好善妒恶"的倾向导致其浓重的宿命论。自春秋战国以后，这几乎没有变化的宿命论始终压迫着旧时中国民众的思想生活。

1924年创办《支那研究》以后，橘朴从对通俗道教的研究发展到对中国的历史及其社会结构的研究。在1936年出版的《支那社会研究》和《支那思想研究》两部著作中，他提出了一系列独创性的概念，比如中国

"官僚阶级统治论""乡村自治体说"等。同时,他还关注当时中国的现实政治运动,对国共两党的改革方案都有深入的观察和分析,对孙文从民族革命到社会革命的思想变化也很关注,写了不少文章。由此,他形成了一套阐释中国历史和社会的方法论体系。

"通俗道教"之外,橘朴的中国研究的第二个独特概念是"官僚阶级统治论"。他认为,旧时中国的官僚作为一个稳固的阶级或统治集团自宋朝开始逐渐形成,与欧洲近代国家的官僚组织截然不同,也和西欧及日本的封建贵族、领主阶级有别,是旧时中国社会的特殊现象。官僚阶级以作为"父老""乡绅"的退职官僚和在役官僚的上下结合而存在,对农民阶级产生经济剥削和政治压迫。这种对农村实行广泛榨取的社会结构,成为官僚社会得以长期存在的基础。那么,这种官僚阶级是怎样产生的呢?橘朴认为有两个原因。一是宋朝以后贵族势力被削弱而权力出现了空缺,因此朝廷开始大幅度地实行科举制度录用官员,以补充贵族权力被削弱后出现的"真空"。当然,仅依靠科举而形成的官僚群体还不足以构成一个阶级,因为官僚身份在法律上还未被确定为世袭制。但是,在固有的家族主义传统浓重的旧时中国,官僚作为一种社会身份容易得到广泛的承认。二是社会财富通过政治上的榨取而倾向于汇聚到官僚群体的手中。财富聚集于达官贵人门下这一事实导致社会上产生对官僚的崇拜倾向,进而促成人们从社会性的角度承认这种身份的世袭。总之，宋朝以后在旧时中国出现了一个有别于西欧和日本的庞大官僚阶级。直到20世纪20年代，它依然是中国革命和社会改革的主要目标。

橘朴中国研究的第三个独特概念是"乡村自治体说"。他在分析官僚阶级统治的形成时发现，千年来的中国官僚阶级统治对中国社会实行广泛的政治压迫和经济剥削，但同时创造了一个官僚阶级的对立面——乡村自治共同体。这是旧时中国社会的又一个特有现象，在内藤湖南那里被叫作"乡团组织"。橘朴认为，旧时中国的官僚阶级或皇权统治，可以辐射到知县衙门这一层级，但县以下的行政管理实际上被掌握在底层人民的手中。这个乡村社会是由父老、乡绅和亲族构成的共同体，既有相互扶助的特点，还以团结精神和组织方式对抗官僚阶级的剥削和压迫，在防治自然灾害方面也起到很大的作用。可以说，县以下的这个"世界"实际上就是一个有高度自治能力的社会，只是不同于日本的、西方的传统封建自治体而已。因此，不能像内藤湖南等人认为的那样，说中国没有管理国家或组织社会的能力。

作为20世纪前期日本重要的中国问题专家，橘朴的中国研究远远不止于上述所列举的方面。但是仅从这些成就来看，也不得不承认其观察视角的广阔和结构分析的深入。他由上述三个核心概念支撑起来的有关中国的阐释架构，涉及旧时中国底层广大民众的思想信仰、上层社会的阶级关系和乡村社会的自治组织形态，是一个多层面贯通社会历史又与当时实际密切关联的系统，具有动态和开放的叙述特点。由此，橘朴得以给出一个有关旧时中国的总体描述，乃至预测其发展的历史脉络。这在近代日本有关中国的知识生产中，具有特殊的意义。

为了进一步理解橘朴上述中国研究的价值和贡献，在此有必要稍微回顾一下历史。在传统的东亚区域里，日本一直视中华文明为学习的榜样，不断吸收包括其文字在内的文物典章制度。但明治维新以后，日本开始掉转"船头"，向西方学习。到了中日甲午战争和日俄战争取得胜利之际，出现了一股视信奉儒教的中国为落后野蛮国家的"文明论"观念。辛亥革命前后，一些日本人更从社会政治层面认定，中国人没有治理现代民族国家的能力。1914年内藤湖南出版《支那论》强调，因辛亥革命以后中国出现内乱，而出于"为支那人着想"，建议实行"都统制"——国际托管。我们知道，这是西方殖民主义者向海外殖民和扩张的托词。但像内藤湖南这样深谙中国文化的学者也有这样的观点，足见当时日本认识中国的潮流所向。

另外，自20世纪20年代中期以来，德裔美国学者魏特夫继承马克思和韦伯的一些观点，对"东方专制主义"提出新的"治水理论"。此观点在日本知识界逐渐流行起来。魏特夫认为，由于大规模农业灌溉的需要而产生的中国（东方）式的官僚统治，其本质上是中央集权的，它与西方"分权的封建社会"不同而最终导致了"东方的停滞"。这个"治水理论"也受到当时日本社会科学,特别是马克思主义学者的关注,并用以研究中国乃至东洋共同体社会及其停滞的原因。

然而,辛亥革命后不久开始中国研究的橘朴,则是沿着与上述日本国内风潮截然不同的另类思路,甚至是针锋相对的路径展开论述的。如果说,他最初提出的"中国人思想核心在于'通俗道教'而非传统儒教"的观点,针对的是明治维新后日本社会上视中国为固守儒教传统之专制国家的一般风潮,那么,强调"旧时中国基层社会存在着与西欧现代社会相去甚远,但具有强大自治能力的'乡村自治体'"的论述,则针对的是大正时期日本社会上认为中国没有治理现代国家能力的流行观点。"官僚阶级统治论"乃是橘朴将研究进一步深入中国社会深层,并通过阶级的视角进行结构分析而得出的结果。同时,橘朴的"官僚阶级统治论"和"乡村自治体说"与魏特夫的逻辑思考理路不同。他不同意"亚细亚生产方式"和"东方专制主义"的说法,而是从阶级分析和财富占有形式的角度观察官僚作为一个阶级形成的统治。他批判官僚统治的绝对压迫和榨取,但同时注意到这种统治导致了与之对抗的乡村自治共同体的形成,并给予积极的评价。因此,他并没有将中国"官僚阶级统治论"的逻辑论证最终归结到"中国的停滞",而是在与官僚统治阶级的斗争和土地改革方面,看到中国革命的必然性及其前景。这是橘朴中国研究又一个有别于当时日本社会内部主流观点的地方。

四

但是，橘朴后来也出了问题。这就是我刚才介绍过的——1931年"九一八"事变以后，他跑到沈阳的日本关东军司令部，主动会见板垣征四郎和石原莞尔，表示合作参与建立"满洲国"的意向。由此，他开始把关注中国的兴趣转移到培植伪满洲国的方面，并提出一系列的理论构想和"建国"方案，包括一些经济政策和措施等。橘朴在这一阶段提出"王道自治论"，其基本想法是要在中国东北建立一个"新型国家"，不实行明治维新以来那种以工业、资本为主导的现代资本主义制度，而是要以农为本而实现民众自治。他援引《礼记》，说明实行王道的社会即"大同世界"，而构成这"大同世界"的主要条件有三：一是保障所有民众的生活，二是创造财富而避免其私有化，三是劳动力为社会所用。他认为，《孟子》中有实现"王道社会"的方法论，归结起来便是一种惠民的经济政策。如《孟子·梁惠王上》中所言："五亩之宅，树之以桑，五十者可以衣帛矣；鸡豚狗彘之畜，无失其时，七十者可以食肉矣；百亩之田，勿夺其时，数口之家可以无饥矣；……然而不王者，未之有也。"在橘朴看来，这便是"王者要彻底保障人民的生活"。

我们知道，鲁迅对所谓的"王道"是批判的。我记得日本有一个通俗作家叫中里介山，他发表过一篇文章题为《给支那及支那国民的信》，说中国人只相信强者的王道，"只要那侵略，有着安定国家之力，保护民生之实，那便是支那国民所渴望的王道"。鲁迅对此直截了当地回应说："在中国，其实是彻底的未曾有过王道。"历史上多有人讲王道，那是因为霸道横行，而王道则根本没有出现过。"在中国的王道，看去虽然好像是和霸道对立的东西，其实却是兄弟，这之前和之后，一定要有霸道跑来的。人民之所讴歌，就为了希望霸道的减轻，或者不更加重的缘故。"（《鲁迅全集》第6卷，人民文学出版社1981年版）

橘朴参与"满洲国"的建立到底是出于"天真"还是另有目的？不论如何，他的这套理论有一部分被日本关东军即殖民统治者认可，但同时，他也始终没有摆脱日本宪兵的监视，因为他对日本国家的"大陆政策"有批判。日本学者子安宣邦认为，橘朴在当时有自己的社会理想而无力实现，只能依托关东军里面志在改革的青年将校团，跟他们联手去实现自己的梦想。（《近代日本的中国观》，青土社2012年版）

1931年以后，橘朴在思想和政治立场上都发生了"方向转变"，从一个民间的新闻评论人、中国观察家，变成一个认同帝国日本，至少是参与帝国主义实行殖民地经营事业的人物。我称此为"从民间走向国家"。这在

20世纪30年代的日本是一个普遍的现象，很多优秀的学者包括左翼知识分子纷纷"转向"。橘朴的"王道自治论"中的确有农本主义或某种原始社会主义等反资本主义制度的元素。但是，这里实际上需要指出两个问题，一个是他把"王道"这样一个治国理念下降为一种经济政策，只强调在经济上如何保障民众的生活；另一个是他强调日本人在其中的主导地位，认为日本人先一步实现了现代化，有能力和经验"帮助"在中国东北地区的民众实现"王道乐土"的理想。很明显，这里没有真正的平等。他在《协和会与民族政策》（1939）一文中就曾直言不讳地表示："……只有日本民族有资格占有指导地位"。我觉得仅从这两点而言，就足以说明橘朴的"王道自治"理论基本上是在配合帝国日本的"大陆政策"，即殖民主义扩张战略。对此，我们必须加以彻底的批判。

1937年抗日战争全面爆发后，橘朴回到日本，参与昭和研究会，成为其中的一个部会即"民族问题委员会"的成员。1941年，他在《东洋社会的创造》中提出"东洋社会"的概念。他指出，"我们东洋人至少可以从图们江口向波斯湾画一条斜线，将斜线以南的大陆及岛屿，以及在此生活的从事农业的各民族统括为东洋，包括印度在内。但是，这个区域过去是各民族相互孤立地生活过来的，今天要联合起来共同构成一个'东洋社会'"。

很清楚，这个"东洋社会"其范围与日本帝国的

"大东亚共荣圈"大致重合,但还不完全一致。"大东亚共荣圈"包括澳洲,但印度并不在其内。此时橘朴的"东洋社会"基本上还是一个文明论层面上的概念。到了1943发表《东洋枢轴论》时,他则进一步将"东洋社会"定义为有别于"西洋利益社会"的"东洋共同社会"。他解释说:"西洋自罗马以来一直维持着单一的社会乃至文化,而东洋因地形、交流和经济生活上地域自足性的关系,至今依然未能克服其分裂的状态。尽管如此,冈仓天心称亚洲是整个的,我亦有意识地强调东亚是一体的。根据何在呢?如果说天心看到的是文化的共通,那么我则同时承认其精神和物质生活中都有显著的类似。……总之,东洋各民族基于上述精神及物质生活形态的共通性,以及与迥然有别的西洋社会之对抗上的需要,在不远的将来必须创造一个一元的东洋社会。在此,我将东洋社会的特色解释为'共同体',以此与利益社会的西洋区别开来。"橘朴再次强调,中国和印度均"缺乏"对他民族文化的理解和融合能力,唯有日本"才是东洋文化的综合者"。

在此,我们发现橘朴后期思想的一个特征,即在思考未来社会图景的时候,总是试图建构一个完结的循环结构。"王道自治论"的从农民自治到小康社会再到大同世界的发展图景是如此,"东洋共同社会"的从日本到泛亚洲国家再到世界国家的构想也是如此,都是一个从三段论式逐渐走向完结的结构。这与他前期认识中国的那个流动、开放的阐释架构不同，是一个封闭的结构体系。这样的阐释架构，很难做出真正有益的知识生产。他的"王道自治论"和"东洋共同社会"的图景，最终与日本帝国的"大陆政策"乃至"大东亚共荣"战略基本重叠，也就成为必然。或者说，橘朴后期的思想言说归根结底依然是一种对帝国区域主义霸权行径的理论论证。他的目的是要赋予"大东亚战争"一个更为明确的"建设"目标。

从橘朴这一个案可以看到，一直到"二战"结束，近代日本有关中国的知识生产虽达到了相当高的学术水准，但同时总存在一种时隐时现的帝国主义视线。众所周知，19世纪以来知识生产的根本动力之一，在于民族国家乃至帝国主义政治的需要。尤其是来自帝国主义对于"落后"国家和地区的知识阐释，总有一抹挥之不去的殖民地学色彩。这个知识体系的内部隐含着文明与野蛮二元对立的等级化结构，难以真正呈现研究对象的主体地位。在日本战前有关东亚社会的论述中，橘朴是一个特殊的存在。他一直努力坚守独立的思考，其成就也远非一般"支那学"学者或日本的"中国主义乃至亚洲主义者"所能比肩。但是，他的研究仍然反映了典型的国家和帝国主义知识建构的特征。这里，我再举一个例子。前面提到的盐谷温，他是东京帝国大学教授、著名的中国文学研究家。他的《支那文学概论讲话》（1919）对中国现代的文学史尤其是戏曲小说史的编撰体系的建构，发挥了重要作用。但就是这样一个很优秀的学者，1932年以后多次拜谒"满洲国"的"皇帝"溥仪，并在游历欧美的时候向西方宣传"满洲国"是东洋理想的"王道社会"。

从以上介绍和分析可以看到，橘朴是20世纪日本杰出的中国问题专家，他的中国研究摆脱了一般所谓的"支那通"气息，从而构筑起博大精深的学问体系。因此，1945年临终前他能够准确地预言道："中共军队必将从热河、辽西、山东方面进击满洲。然后以满洲为根基实现军事实力的扩充，最终将南下入关控制中国全土。"（山本秀夫：《橘朴》，中央公论社1977年版）据跟随橘朴多年的山本纪纲回忆，这种局势展望对当时周围的日本人来说仿佛天方夜谭一般。但后来的时局发展证明了橘朴预言的正确。尽管可以说他是集学者与情报分析才能于一身的学问家和新闻记者，但同时需要了解和批判性地解构其在有关中国的知识生产中隐含的帝国主义视野或者殖民地学的元素。不仅对于橘朴，对于整个"二战"之前日本卓有成就的中国学研究，我们都应该如此看待。只有这样，那些知识中有益的部分才能成为我们今天研究的思想资源。

2013年9月讲于华东师范大学
（原题为《近代日本有关"中国"的知识生产——以橘朴为中心》，载《现代中文学刊》2014年第1期）

从东京审判到普遍正义

一

2006年是远东国际军事审判即东京审判开庭六十周年，整整一个甲子！然而，这场审判远远没有成为历史。作为发生在战争与革命时代即"短的20世纪"中间段上的一个重大"事件"，东京审判以普通战争罪、破坏和平罪等罪名对挑起战争的帝国主义法西斯战犯做出裁决，深刻影响了20世纪后期至今的历史认识和对战争犯罪的处理方式。但同时，作为战胜国主导的法庭，其依据的是二百年来殖民主义体系下形成的国际法和背后的西方文明观，所以也持续引发了对国际法之普遍性乃至帝国主义国家能否制裁帝国主义的怀疑和反思。就是说，东京审判所具有的重大历史影响力和诸多缺失，都意味着这是一场远未完成的审判，需要我们不断从多角度进行解构和反思，以加深对现时代的历史、法和正义的思考。

2006年9月，有一部通俗历史影片《东京审判》

（高群书导演）在国内公开上映。此片从第二次世界大战最大受害国的立场出发，审视战争历史、呼唤正义，为公众提供了一个观察东京审判的中国视角。我注意到，影片透过中国法官梅汝璈在力争法官排序和是否使用极刑而与欧洲法官争执的两个细节，触及了东京审判中的英美法系中心论和亚洲缺席的问题，但显然这些浮光掠影都没有触及历史的深层。作为面向大众的通俗历史电影，这也在所难免。日本作为侵略战争的发动者和战败国，在东京审判中是受审方，审判结果对其战后历史发展的决定性影响自不待言，普通日本国民尤其是知识分子对东京审判的思考更带着切肤之感。我们看到，一方面是那些不愿意承认侵略战争历史、拒绝接受审判结果的保守人士，至今仍然用"东京审判史观""胜者史观"乃至"自虐史观"嘲讽和否定那场审判的历史意义；另一方面也有正直学者和进步知识人从民族自我反省的立场出发，在做出客观理智评价的同时，更将思考的重心推进到日本应当承担的战争责任和战后责任上来，不仅透过东京审判深化了对历史和法的认识，也在追求普遍正义的方面向前迈进了一大步。我将通过对东京大学国际法教授大沼保昭的《从东京审判到战后责任的思想》（东信堂1997年版）和哲学教授高桥哲哉的《历史/修正主义》（岩波书店2001年版）两书的解读，期待与读者一起重新思考东京审判所遗留的问题。

二

远东国际军事法庭根据盟军最高司令确定的"条例"于1946年1月成立，5月3日正式开庭，以日本战争指导者即甲级战犯为审理对象，1948年11月12日宣判：二十八名被告中除大川周明因病免于起诉，松冈洋右、永野修身于公判中途死亡外，其余二十五名被告全部被判有罪，其中东条英机等七名被处以极刑。1951年日本接受审判结果签署"旧金山和约"，由此结束被占领状态而得以恢复国家主权。东京审判与欧洲的纽伦堡审判一起标志着第二次世界大战战犯处理的结束，从而定格为历史。面对史无前例的世界大战浩劫，东京审判在传统国际法普通战争罪之外提出"破坏和平罪"和"反人道罪"两项新的定罪标准，在短短两年时间内完成审判，不仅伸张了人类正义，也推动了世界重归和平状态的进程，其不朽的历史意义毋庸置疑。

然而，它也留下了一长串的历史遗憾和缺失。例如，第一，昭和天皇作为日本军事最高统率却免于起诉，而"国民有义务不服从国家的违法战争命令"这一"纽伦堡原则"也没有得到贯彻，故"日本国民"的战争责任并未得到追究。第二，"反人道罪"并没有充分落实到具体的审判当中，"南京大屠杀"虽然作为一个独立的单元获得审理，但日军"731部队""1644部队"以人体试验开发、使用细菌武器，还有"慰安妇"制度对广大女性的暴力摧残等被排除在问罪范围之外。第三，日本战争犯罪限定在1928年至1945年之间，此前的殖民主义战争罪行如占据我国台湾、吞并朝鲜半岛等不在审理范围之内，而且法庭问罪的重点是在太平洋战争方面，由此引发了同样有殖民主义侵略历史的欧美帝国主义国家能否制裁日本帝国主义的疑问，涉及整个西方"文明史观"问题。第四，对美国在广岛、长崎投掷原子弹的正当性，包括东京大空袭对无辜平民的伤害，还有苏联撕毁《日苏中立条约》等盟国方面的问题，都因"没有关联性"而被驳回。与此相关联的还有审判中没有起用中立国的法官和律师。这些都是日后保守人士抨击东京审判为"胜者审判"的缘由，也的确涉及法之普遍性原则与战胜国审判之间的根本矛盾。第五，尤其令人遗憾的是美、苏、英等审判方在审判之后的所作所为对东京审判之道义性的戕害，如苏联出兵匈牙利、捷克斯洛伐克等，美国发动越南战争和英国攻击埃及（苏伊士运河）等事件，使人们不得不对东京审判之"文明的审判"性质产生深深的怀疑。

上述一系列问题，也正是大沼保昭著作所首先追问的。实际上，在这一系列历史遗憾和缺失当中，有相当一部分确实足以成为那些试图否定侵略历史和战争犯罪事实的保守人士用来攻击东京审判的根据。然而，在大沼保昭看来：如果订正的尝试是基于对审判和"东京审判史观"的攻击，那仍然是在盟国设定的同一个框架内争论，这无论在思想上还是在实际上都不具有建设性的意义。就是说，我们需要跳出东京审判本身及当时的国际法所限定的逻辑思考架构和世界视野，回到日本近代历史的原点并通过将"亚洲各国纳入视野"，本着"对他民族负有责任"的立场积极地思考东京审判的问题。这是大沼保昭的思想核心，也是他将对东京审判的反思落实到日本的战后责任论上的关键。因此，他在承认上述问题可以讨论并加以纠正的同时，从历史和国际法角度对东京审判的合法性和历史意义做出如下客观的辩护：从既有的国际法观点观之，法庭完全由盟国设立并不违法。国际法承认对普通战争罪进行处罚，这是包括东京审判律师辩护团在内的几乎所有人都承认的。因为，普通战争罪就是将抓获的战犯由交战国法庭进行审判和处罚。而东京审判对日本国民的最大意义在于，将数以万计的残酷战争犯罪事实弄清楚并呈现于日本人的面前，逼使其做出正义与道德的抉择。这也便是日本的战后责任。

在大沼保昭看来，东京审判的主要问题是对于亚洲的忽视，以及当时的国际法对殖民主义体制的姑息。法庭当初预定由美、中、苏、英等九国法官组成，最后增加印度和菲律宾变成十一国，但即使如此，来自亚洲国家的法官只有三名。如果从战争期间遭到日军杀害的各国人数观之，亚洲各国合计超过千万，而美国、澳大利亚等加在一起大概三十几万。那么不得不承认，东京审判的法官组成结构是不合理的，其根本原因就在于当时的国际法承认传统的殖民主义体制。印度法官巴尔向法庭提交了二十五万字的判决书，认为根据法律条文和起诉书内容只能得出被告全部无罪的判定。这就是在质疑东京审判所依据的国际法背后的殖民主义逻辑，并不是在强调"日本无罪论"。

那么，东京审判结束之后，我们应该怎样消除和弥补这个遗憾和缺失呢？大沼保昭提出要"把东京审判作为精神武器"，重新反省日本近代的殖民主义战争历史。第一，正视战争的侵略性质。在以"解放亚洲"为名目的侵略战争爆发之前，日本已是统治朝鲜半岛等亚洲地区的殖民国家，其由于坚持不撤退在中国大量杀伤士兵和平民的日本军队，最后挑起战端。这从国际法上讲，根本不符合自卫的必要条件。"九一八"事变以来的战争是日本发动的侵略战争，这不仅是日本进步人士，也是广大国民的普遍认识。在政治体制不同的东亚各国，也对此表现出一致的认识。因此，日本必须虚心接受这一超越政治体制的共识。第二，正面接受"纽伦堡原则"，即当国家进行非正义的违法战争时，国民具有不服从其战争命令的义务。如果战争期间国民没有反抗并有效地制止国家的非法战争行为，那么不仅是指导者，国民也有承担战争责任的必要。东京审判仅仅审判了侵略战争的指导者，但这并不意味着日本国民对侵略战争没有责任。日本人必须纠正"战争＝太平洋战争＝日美战争"这样一种片面的认识逻辑，牢牢记住自己的责任。第三，东京审判中"亚洲的缺席"表现了审判本身的结构性问题。而日本人对此缺少认识，也反映了其思想片面性。就是说，日本人所持有的"战争＝太平洋战争＝日美战争"观，与欧美人一样，眼中并没有亚洲的存在。日本自明治维新后形成"脱亚入欧"的思想，始终持有一种蔑视亚洲的态度。这是从根本上支撑了战争中日本国民的心理要因，必须加以清除。

以上便是大沼保昭的战后责任论。从思考东京审判的缺失，到将重心落实到对本民族的殖民历史和战争犯罪上，从而提出日本的战后责任问题，充分显示了一位正直的国际法学者和有良知的日本知识人自我反省的坚韧力量。这与那些至今依然否定侵略战争事实的日本右翼势力形成鲜明对照。而其中始终一贯的亚洲视野和"对他民族负责"的思想，则为我们提供了一个从根本上质疑二百年来西方殖民主义体制和形成于这个体制内部的传统国际法弊端的新视野。实际上，大沼保昭自1975年出版《战争责任论叙说》到1983年在东京主持召开"东京审判之检讨"国际研讨会，邀请了许多亚洲学者与会。另外，他从1985年出版《从东京审判到战后责任的思想》一书第一版，再到20世纪90年代直接参与旨在解决"慰安妇"补偿问题的"亚洲女性和平基金会"的成立活动，都是在实践自己重视亚洲、强调"对他民族负责"的思想和战后责任论——不仅日本政府应负战争责任，日本全体国民也有负责的义务。

三

这里，有必要分清日本学者所说的战争责任和战后责任。所谓"战争责任"，是日本侵略亚洲各国实行殖民统治，违反国际法的各种规则而负有战争犯罪和迫害他人的责任。这包含犯罪意义上的罪责，需要对战争指导者和具体的罪犯实施处罚，并向被害人赔偿。所谓"战后责任"，则来自上述战争责任没有得到充分履行，特别是东京审判未能充分重视日本在亚洲各国的殖民侵略罪行，需要战后的日本人继续负责。大沼保昭的"战后责任论"突出强调的就是这个方面。

高桥哲哉自20世纪90年代中期以来也一直关注"战后责任"问题。他从"与他者关系性"这一新的视角进一步深化了大沼保昭的有关论述，认为战后责任直接源自日本帝国主义的犯罪，这一点不容许有任何含糊的余地。但必须指出，战后责任还有一层意义，即回应他者呼声的责任。从某种意义上讲，战后出生的日本人没有直接的战争罪责，但负有回应他者呼声的政治责任。那么，包含从旧日本帝国遗留下来的罪责和回应他者呼声的责任这样两层含义的"战后责任",其核心是什么呢?高桥哲哉在比较德国的战后处理方式后明确指出,其核心就在于日本于东京审判之后没有自行处罚那些应该受到处罚的战争罪犯。德国于纽伦堡审判结束后,没有放弃对纳粹犯罪的追究,到20世纪90年代为止,搜查嫌疑案超过十万件,判定有罪的有六千余件,反观日本则一件也没有。据此可以做出明确判断:对于战争指导者的处罚包括对被害人的赔偿是日本战后责任的核心,是日本人必须承担的政治责任。(《战后责任论》,讲谈社1999年版)

与此相关联,高桥哲哉在《历史/修正主义》中重点探讨了东京审判的缺失,以及民间的审判日军性奴隶制"女性国际战犯法庭"于2000年在东京开庭的历史意义。如前所述,将"破坏和平罪"和"反人道罪"两项新标准适用于东京审判,在国际法上具有重大意义。但是判决中由于未能将其与"普通战争犯罪"明确区分,所以没有得到真正的落实。也因此,才有了20世纪90年代以后,来自亚洲民间对日军强征劳工等,特别是"慰安妇"制度受害者的诉讼呼声。高桥哲哉认为,包括日本殖民统治的罪行在东京审判中没有得到重视的问题,其根源在于传统的国际法最先起源于帝国主义列强各国之间的国际规则,因此在实际运用中带有强烈的西欧中心主义色彩。东京审判所彰显的是以美国为中心的欧美各国的利害要求,相对而言,日本对亚洲的殖民统治没有被问罪，亚洲各民族的利益也因而没能得到应有的重视，这是区别于纽伦堡审判而"反人道罪"未能被落实的主要原因。因此，高桥哲哉对发起于民间的审判日军性奴隶制"女性国际战犯法庭"特别关注，并在哲学和法的层面上给予最大的理论支持。

我们知道，在越南战争进入僵局、世界反战声浪高涨的1967年，英国数学家伯特兰·罗素发起并成立欧洲"国际战犯审判法庭"（the International War Crimes Tribunal）。这个模仿纽伦堡审判而创建的民间法庭，旨在审判越战中美国的战争升级及其对平民造成的毁灭性摧残，最后判定美国应该对种族灭绝式屠杀负有罪责。该审判结果不仅对当时的反战运动产生了巨大影响，甚至其"越南人民的民族基本权利"概念被1973年的巴黎停战协定所采纳。1998年在韩国首尔的亚洲女性连带会议上由"'战争与对女性的暴力'日本网络组织"正式提案的审判日军性奴隶制"女性国际战犯法庭"，便是受到欧洲"国际战犯审判法庭"的启发而成立的民间法庭。该法庭于2000年12月8日至12日在东京开庭，其"国际执行委员会"由加害国日本、被害国及地域（中国、韩国、朝鲜、菲律宾、印度尼西亚）的支援团体，以及参与解决世界各地武力纷争问题之女性运动活动家的"国际咨询委员会"三者组成。纽约市立大学国际法教授罗德·卡布伦等担任法律顾问。12月12日通过的结论明确表明：日军战争期间的性暴力、性奴隶制触犯了反人道罪，日本国家与昭和天皇负有战争责任。

　　这个法庭及其结论遭到了日本政府的坚决拒绝。但在高桥哲哉看来，它无疑在弥补东京审判的缺失、恢复受害女性的个人尊严、解构既成的国际法体系并在重建国际人道法的普遍性上具有重大意义。从某种意义上讲，该法庭不仅纠正了东京审判对亚洲的无视和"反人道罪"的落空，甚至对西方帝国主义殖民历史也提出了质疑。再回顾20世纪50年代以来世界各地的反殖民主义和民族独立斗争的历史，如海地革命中非洲裔奴隶们用法国革命的理念与法国殖民者斗争，南非斗士曼德拉为废除种族隔离政策依据源自西方的法——《世界人权宣言》而战胜另一个西方的法，即种族隔离政策。我们完全有理由相信，以西方的法之"普遍性"为武器，重建超越西方文明的人类之法的普遍性，是可能的。当然，审判日军性奴隶制"女性国际战犯法庭"与欧洲"国际战犯审判法庭"一样，其审判不是以国家权力为前提的，因而不具有法的强制约束力。但正如欧洲"国际战犯审判法庭"执行主席让-保罗·萨特在开庭致辞中所强调的那样，这种民间法庭虽然不具有法的强制力，却与以法之强制力为前提的国家权力不同，它是完全自由的、普遍的，这构成了该法庭"正当性"的源泉。

　　不过在我看来，重建法之普遍性的本身不是目的，我们要求法的普遍性目的在于最终实现人类的普遍正义。于此，我不禁想起1983年那次"东京审判之检讨"国际研讨会上，来自中国的俞辛焞教授就日本的侵略战争和西方殖民主义问题所做的一个意味深长的发言："英法等欧洲列强的确也曾给中国带来灾难，但日本是最后一个，也是给中国带来最大灾难的国家。这是抹杀不了的事实。英法虽然没有在东京审判中被审判，但一百年、二百年以后，他们会受到人类法庭的审判"。（转引自大沼保昭等编国际会议论文集《东京审判之检讨》，1984年）我理解，这个"人类法庭"就是超越近代殖民主义体制、摆脱由"文明国家"所主导而缺乏普遍性的传统国际法体系，从人类普遍正义的视野出发、反思帝国主义殖民历史以谋求永久和平的道义法庭。这个"人类法庭"不必一定要国家权力支撑而使其具有法之强制约束力，它将超越狭义国际法的视野而对人类自身的近代历史做出反思，从而迈向普遍正义。

2006年10月

（原题为《从东京审判到普遍正义——日本知识界的思考，载《博览群书》2006年第12期）

日本战后启蒙与最后的知识人
——读丸山真男《现代政治的思想与行动》

我们今天如何阅读丸山真男

1996年8月15日,战后日本重要的学者丸山真男(1914—1996)与世长辞。在此前后,伴随着他的著作集等的陆续出版,日本知识界出现了一股不小的"丸山热"。其中除了学术研究著述,还有大量追思回忆乃至争鸣论战的文字,充斥于日本大小媒体。一个学者的离世能够引起如此广泛的关注,这的确是一个多年未见的事态,或许唯有法国思想家萨特1980年逝世在欧洲所引起的波澜能够与之相比。然而,在初步阅读这些文字之后,我感觉与其说人们是在纪念斯人一生的学术功绩和思想影响力,不如说是在向一个时代,即启蒙知识分子时代挥手告别。

丸山真男最为活跃的时期,是1945年到1970年的二十五年间。这是日本帝国主义土崩瓦解后,日本国家和社会面临重大危机的时代。作为后发展的非西方国家日本,明治维新以来那个无所不在的"国家"成为反思和改造的对象，这为知识分子主导舆论并参与日本社会重建提供了重大契机。也因此，有了发挥其主体作用的战后民主主义辉煌时期的到来。生逢其时的丸山真男，以政治学和思想史的丰厚积累，在深度追究法西斯主义盛行的逻辑和心理、思考民族国家以及人与政治合理关系的同时，勾勒出以独立个体为基础的、重建现代民主社会的蓝图。他以坚实的学理和敏锐的思考积极参与战后日本的思想运动，成为那个启蒙时代知识人的代表。而出版于此时期的《现代政治的思想与行动》（上、下卷，未来社1956—1957年版），无疑是认识丸山真男思想和那个时代的经典文献之一。

在我看来，丸山真男之所以能够成为日本战后思想的重要代表，在于他坚持民族立场的同时具有"普遍知识分子"的追求，即怀抱自由民主的普遍性原则和平等正义的理念。这促使他同时亲近社会主义理想，形成了自己更接近"社会民主主义"的政治立场。他的法西斯主义批判、现实政治学的建构、日本思想史研究，以及包括对日本宪法的讨论、安保斗争等在内的社会运动实践所反映出来的近代主义倾向，归根结底源自他的启蒙思想和"普遍知识分子"意识。他的巨大影响力和生前死后所受到的种种赞扬与批判，其根源亦在于此。

然而，随着日本战后民主主义的终结和大众消费社会的到来，丸山真男的时代也随之过去，于是20世纪90年代的"丸山热"无疑成为一个回光返照的现象。也就是说，当时的日本人在缅怀启蒙时代的消逝，但难以再期待那种"普遍知识分子"的重来。这也给我们提出一个问题：在普遍价值和终极理念消失于消费社会的"知识工业"生产而知识人的存在方式需要反思的当下，我们该如何阅读丸山真男的著作？我的基本观点是，"普遍知识分子"和启蒙时代的确已经成为历史，无论在西方、日本还是在中国，但依然有把启蒙精神和知识人对普遍价值与终极理念的追求从当今数码化知识生产中搭救出来的必要。这既是为了打破大数据时代知识无法凝聚成思想、思想又无以成为构筑未来的力量的这样一种状况，更是为了重建有关人类社会变革和发展的未来图景。

阅读丸山真男著作时，关键要深度结合21世纪当下的政治状况和知识生产的实际，努力从其著作中发现"近代主义"思想和知识分子意识的内涵价值及其局限，而不是简单地对其观点和立场表示认同或者反对，这样才有意义。同时，从东亚同时代史的角度观之，不仅20世纪中日两国的社会进程彼此交错，日本的战后启蒙时期也与中国的改革开放时期相仿。虽然中间有二三十年的时差和各自社会改造课题的不同，但正如"中国革命"对战后日本知识人是一个重要的思想参照一样，日本战后启蒙时代和知识分子参与社会改造的实践，也可以成为思考中国当下的借鉴。

接下来，我将聚焦产生"丸山政治学"的那个日本战后启蒙时代，剖析内在于该时代的丸山真男近代主义思想倾向和知识分子使命意识。通过思考他的"不断革命"的观点，深入考察启蒙知识分子由特殊性走向普遍性的思想过程，进而重估"普遍价值"和"终极理念"之于当代知识生产及知识分子的意义，并以此表示我对丸山真男的《现代政治的思想与行动》（陈力卫译，商务印书馆2018年版）于时隔半个多世纪后在中国得以出版中文译本的喜悦之情。

日本战后知识人的启蒙时代

"二战"以后的二十余年是日本国家改造、社会重建、思想舆论强有力地推动政治变革的重要时期，史称"战后民主主义时代"。从战败一片废墟与联合国军事占领——期间经历东京审判和冷战的形成以及朝鲜战争的爆发，到1952年"旧金山和约"和"日美安保协定"的生效，再到1960年"新安保协定"引发大规模社会抗议运动，最后是"新左翼"主导的学生造反运动并于1968年达到"革命"高潮——日本知识人在此时代面临种种艰难的思想课题。例如，批判集权主义法西斯和重建现代民主社会、"二战"后亚洲民族独立与近代主义问题、冷战背景下社会主义思想与市民社会理念的抉择、美国占领军拟定的和平宪法与日本国家的重建愿景，还有20世纪50年代悄然出现的大众社会与精英知识分子的关系，等等。

总之，这是将一切重新开始而问题堆积如山的时代。按照丸山真男的说法，此乃日本历史上的第三次"开国"。其中，日本知识人以"悔恨共同体"——对侵略战争的自责和对未来的憧憬——为依托，利用自身的知识在推进舆论形成和社会重建的过程中成为主导力量。与19世纪欧洲资本主义发达的国家相比，明治维新以来的日本属于"后发型"，其经济社会文化改革主要依靠"国家"的强力推动，因此得以举全力迅速达成现代化的目标并跻身世界强国之列。但同时，这种"极端国家主义体制"未能给知识分子预留更多发挥思想启蒙和社会改造作用的空间，更不用说制衡国家权力了。另外，1945年的战败和之后长达七年的军事占领，则让日本第一次出现了"国家"缺席的"真空状态"。在此，日本知识人与观念的力量被强有力地结合在一起，思想得以化成实践性的行动。因此，我们也可以称"战后民主主义时代"为日本知识分子的启蒙时代。

日本学者都筑勉从知识社会学的角度，对"二战"后日本知识分子启蒙时代的形成与终结有如下描述："不幸的战争时期积累下来的研究成果对战后大学知识共同体的形成贡献不小。然而，战后经过十年到了20世纪50年代后期，随着新一代的登场而学术专业化加速，新学问在制度化的同时出现了自我封闭的倾向。在1960年的安保斗争中，反体制一方不仅形成了意识形态上的大联合，而且有了各学科领域的学者超越各自分野而展开连带运动的局面，但这也是最后一次。与此同时，以经济高速增长为背景，大学升学率上升并迎来所谓的大学大众化时代，这产生了1968年大学生追问大学之意义的造反运动。"（《战后日本的知识人——丸山真男与其时代》，世织书房1995年版）如果说，战时军国主义严酷的思想控制导致了战后第一代知识分子研究成果爆发式的生成，并由此造就了跨学科的"大学知识共同体"，那么战败形成的"悔恨共同体"则聚集了"二战"时马克思主义转向者、自由主义者和不问世事的专业学者等，从而形成了启蒙知识分子群体。他们不仅在各自领域产生了代表性的学派，如"大冢史学"（大冢久雄的历史学研究）、"川岛法学"（川岛武宜的法学研究）、"清水社会学"（清水几太郎的社会学研究）、"竹内鲁迅学"（竹内好的鲁迅研究），以及"丸山政治学"（丸山真男的政治学研究）等，而且如"进步文化人"一词象征的那样，其共同的精神特征是以自身的现代知识为武器，批判军国主义旧体制并积极参与社会改造。这个日本知识分子的启蒙时代，一般认为始于1945年战败而终结于1968年的"大学纷争"。

所谓"悔恨共同体"的说法，来自丸山真男《近代日本的知识人》一文。这篇文章是为1966年萨特访日而应法国媒体的邀请所写作，但拖至十年后才完成。这使丸山真男得以从战后启蒙时代的终点回看那个时期，从而提出发人深思的问题。该文意在梳理近代日本知识人的谱系，要点则在反思战后知识分子的精神缺失面。丸山真男认为，战后知识分子共同体的形成，源于国家危机带来的普遍悔恨情绪，这个"悔恨共同体"支撑起战后最初的知识群体，并形成1945年至1952年期间的启蒙运动高潮。但是，随着战争记忆的逐渐淡化，"悔恨共同体"也暴露出局限，加之日本共产党的内部斗争和苏联斯大林批判事件的发生，知识分子群体开始分化。

丸山真男强调，近代日本知识人一开始就缺乏普遍意识和独立精神，与西方启蒙运动之后出现知识专业化的倾向相反，明治时代首先是从西方引进专业知识，到了20世纪20年代才有马克思主义作为中介的日本"文艺复兴"的普遍主义和启蒙精神的形成。战前日本的马克思主义代表了国际主义和世界主义意识，而成为一般"社会科学"的代名词。但随着法西斯军国主义体制的形成并对进步人士实施高压控制，知识人出现"转向"问题。他们简单地抛弃"西方的主义"而成为帝国日本的忠臣良民，这影响到他们在"二战"后的"解放感"缺乏深度。随着初期启蒙运动的结束，日本知识人进一步暴露出官僚化以及依赖集团和组织的倾向，这造成了他们缺乏普遍追求和终极关怀的局限。

上述丸山真男的事后反思，印证了他具有知识分子对"终极理念"的追求。也就是说，他始终自觉坚守西方启蒙运动以来的自由进步等，从社会批判和政治学建构方面实践启蒙知识分子的使命。实际上，在其1962年所作《现代政治的思想与行动》英文版序言中，他也曾毫不掩饰地表明："我愿意承认，自己是18世纪启蒙精神的追随者，依然坚守人类进步这一'陈腐'的观念。我认为，黑格尔体系的真髓不在于视国家为最高道德的体现且加以赞美这一点，而在于他的历史乃是走向自由意志之进步过程的观点。"同时，丸山真男视文艺复兴以来种种革命潮流为历史的大趋势："文艺复兴与宗教改革以来的世界，乃是人类针对自然、无产者针对特权者、'低开发一方'针对'西方'的反抗故事依次展开并带动起其他事物，而于现代汇成最大规模乐曲的世界，这部乐曲包含了和谐音与不和谐音而依然在演奏着。"(《后卫的位置：〈现代政治的思想与行动〉补遗》，未来社1982年版)

启蒙时代的出现和知识分子成为社会发展的主体力量，一般是在两种情况之下。一是旧制度弊害重重导致大革命的爆发，或者战败构成国家与社会的严重危机，必须加以重建的时刻。例如，伴随15世纪以来法兰西王国君主政体以及西方封建体制的瓦解而出现由知识分子主导的欧洲启蒙运动，或者像"一战"后德国知识人对国家秩序重建的努力。又比如，在东亚有中国封建制度没落引发辛亥革命，并出现新文化运动中知识精英发挥社会改革力量，以及"二战"后日本迎来启蒙时代而形成知识共同体致力于社会重建。二是科学思维发生根本转变之际，知识分子成为推动范式革命的主角，在为社会提供新的思考方式和价值尺度方面发挥出不可替代的作用。丸山真男的思想学说在"二战"后的日本产生重要影响，其情形也可以从上述两方面加以阐明。因此，在确认了战后启蒙时代和知识分子共同体的形成之后，我将主要围绕《现代政治的思想与行动》一书，考察丸山真男以对各种集权主义批判为中心所展开的思想实践，在关注其近代主义立场的同时，思考"丸山政治学"于科学领域发挥了怎样的"范式革命"作用。

"丸山政治学"及其市民社会理念

日本战后启蒙时代所遭遇的种种问题，最终可以归结为如何处理"人与政治"的关系，即怎样在个人、民族、国家、世界的复杂结构中反思既往而构筑新的社会蓝图。丸山真男在《现代政治的思想与行动》中正是从政治学的角度深度介入时代，积极提出自己的见解并努力建构起全新政治学。该书收录了作者1946年至1961年期间所写的二十篇评论文章，内容上分为三卷而大致显示了作者问题设定的三个向度。第一，对"二战"前日本法西斯主义权力结构、苏联斯大林威权统治和美国麦卡锡时代清洗左翼的事态，做出思想史层面的探索。第二，针对当时政治和思想界的热点问题，表明自己的政治观以及态度，包括冷战背景下自由资本主义和共产社会主义之争及俄国革命等。第三，做出与政治学本身相关的讨论，在提示战后日本社会科学复兴中政治学课题的同时，对权力与道德、统治与服从，以及民族主义等政治学基本范畴做出阐释。

其中，以《极端国家主义的逻辑与心理》为代表的一系列剖析军国主义产生过程的文章，在当时影响最为巨大。那些文章中包括"自上而下"的法西斯形成过程、国家成为真善美的极致而从恶亦被容许、天皇制权力结构是一个转嫁压力的"不负责任体系"等观点，已经成为后世分析历史的经典论述。丸山真男在该书中，相比于马克思主义经济分析为主的唯物史观视角，更侧重对意识形态和心理层面的考察，这样的方法论视角在当时给人耳目一新的震撼。加藤周一认为，这是在思想领域从日本法西斯内部做出的最早的自我反省，是战后知性迈出的第一步。"从这个意义上讲，战后日本始于丸山真男。"（加藤周一、日高六郎：《谈同时代人丸山真男》，世织书房1998年版）从今天的角度读之，我觉得这部著作的价值更在于包括对希特勒德国、麦卡锡时代美国以及斯大林苏联的极权主义之共通性及其差异的比较分析。其中广阔的视野和问题意识，与同时期阿伦特的《极权主义的起源》（1951）有异曲同工之妙，对于极权主义作为政治现象的普遍形态与发展规律，包括精英与民众、权力与服从、恐怖心理与意识形态等议题的考察，都具有原创价值和现实意义。

该书第三卷,则集中涉及政治学本身的理论建构。《政治学作为一门学科》一文中有如下定义:所谓政治学正处于政治与学术——从广义上说是处于政治和文化这两种人类生活形态紧张对峙的临界点上。丸山真男意在说明,政治能够在多大程度上成为学术研究的对象,乃是测试一个国家学术自由的试金石。"二战"前日本的政治学追随欧美,特别是德意志的国家学,而与现实严重脱节,须首先加以反省和超越。丸山真男强调,政治学必须面对日本的现实,并坚持其科学性和中立性,但这并非意味着要回避价值判断。在此,丸山真男通过比较国家学和政治学的不同,即国家行政学面对的是存在,而政治学则指向未来,从而得出现代政治学带有意识形态性、需要价值判断的结论。我们要承认这种政治思维的制约性,在协调坚守真理价值和介入现实的矛盾关系的同时,谋求扎根本土的政治学之建构。

建立一种面对现实扎根本土的政治学,首先要深入认识"人和政治"的关系。对此丸山真男的基本观点是,现代政治无所不在而政治学必须以人为中心。1948年所作《人与政治》一文表达得最为深刻:政治的核心是人的问题,它最终在于行动,即一些人指挥另一些人的群体行动。现代国家的政治控制已经到了无以复加的程度,无论在专制国家还是在民主国家,"政治在今天是利用一切手段把人们铸入政治的模型",他们利用报纸、广播、电影等宣传机构进行意识形态操作，古典自由主义意义上的确保个人自由的时代已然过去。"个人的全部生活都被卷入到巨大的意识形态的斗争里，这就是现代国家个人的精神世界发生危机的原因。"因此，"政治化的现象如上所示，它不单纯是共产主义这一种意识形态的问题。也就是今天我们所依据的个人内心的立场本身，为了对抗一切违心的政治组织，坚守自我，只能把自己也从政治上组织起来。我们面临的是这一尴尬窘困的二律背反的选择。在这种情况下，某种程度上不得不把自己嵌入一定的政治范式中，或注重效果，或简单的敌我对立，如果惧怕这种考验，企图逃离所有的政治动向，那结果反倒是给自己头上招致最恶劣的政治统治。殷鉴不远矣。"（《现代政治的思想与行动》中文版）

在此，丸山真男以启蒙时代古典自由主义为标尺衡量现代社会，预感到"二战"后大众社会的到来以及由工具理性建构起来的政治统治术对人类无所不在的控制。这是一个与宗教改革一样面临大变革的时代，但人类社会是将摈弃权力的控制而实现个性自由的发展，抑或迎来的是斯宾塞《美丽新世界》里讽刺性的乌托邦社会？对此，丸山真男强调，个人只能组织起来参与到政治中以维护自己的自由。也就是说，在这种对于现实的冷峻观察中，他找到了政治学的存在依据和根本目的。我所理解的"丸山政治学"的核心，就在于寻找人们在政治上组织起来的途径，并以自发组织起来的政治对抗"一切违心的政治组织"。这样一种现实的政治学,可称为主体介入的学问,具有启蒙思想的战斗性。

"人与政治"的关系之外,现代政治学还要处理共同体及其统治形态的民族和国家问题。不过,在《现代政治的思想与行动》中,我注意到从正面讨论这些问题的部分不多,或者说缺少积极的建构。民族主义问题在20世纪50年代前后的日本论坛曾是一个热点话题。丸山真男也注意到"二战"以后亚洲殖民地解放和民族独立的大势,甚至认为"20世纪后半期的世界政治恐怕都会以亚洲的民族主义兴起为主轴进行运转",但他对日本民族主义的发展则持谨慎态度,这无疑是因为日本恶性发展的历史殷鉴不远。丸山真男曾比较近代中日两国民族主义的不同,近代中国的民族主义由于统治阶级的"买办化"而转向与社会革命结合,最后成为改造旧世界的动力,而近代日本的民族主义被国家所操弄变成与帝国扩张政策结合的"大亚细亚主义"。这种遭到国家意识形态严重污染的民族主义,如今已经失掉其"处女性"。为此,丸山真男倾向于福泽谕吉"一人独立而一国独立"的启蒙立场,坚持健全的民族主义要与民主主义相结合,这样才能在被占领状态下重建日本民族的主体性。(《现代政治的思想与行动》中文版)

国家问题在丸山真男笔下基本上是一个反思批判的对象而没有多少积极的政治学建构,原因同样在于"二战"前日本推行极端国家主义的历史教训。明治维新所建立起来的新体制缺乏中立性，造成"国家"独大而"社会"发育不良的扭曲局面，这样的历史导致"丸山政治学"更倾注于积极思考民主市民社会的建构。不过值得关注的是，写于同时期而未被收入《现代政治的思想与行动》一书的《有关宪法第九条的若干考察》（1964）一文，则显现了丸山真男对"二战"以后"新国家"的大致构想。

这篇文章是作者根据其在1964年"宪法问题研究会"上的发言整理而成的。丸山真男在此主要讨论的问题有两个：一个是如何理解日本宪法的和平主义意义，另一个是如何在"二战"后的世界推行国际主义非战理念。实际上，这也是从内政外交两个方面来思考"国家"的理想形态。针对前一个问题，丸山真男强调，日本宪法的前言部分和第九条的思想意义在于对人民主权的肯定，这个人民主权具有对国家发动战争的决策做出最终审判的力量，它将引导自卫队的战力向和平的方面展开。然而，19世纪以来的战争与革命呈现出与以往相反的趋向，革命不断因统治技术的发达受到限制，而战争则因科技的进步持续扩大。日本宪法在前言部分否定一切现代战争，日本不靠别的国家而是要自主参与和平事业，这是前言强调日本国民生存权的意义所在。针对后一个问题，丸山真男认为，日本宪法具有国际主义性格，这可以推动"二战"后的世界向新的和平方向发展。鉴于当时的冷战格局，他认为，日本的和平不是由核武器带来的消极和平，而和平宪法全面废除军备和放弃一切战争的精神，才能保证世界有获得终极安全的可能。日本"新国家"的建构应该坚持和平外交原则。可以说这种和平国家的理念，乃是贯穿丸山真男国家观始终的核心。

由此也可以看出，"丸山政治学"极具现实性和现代主义品格，反映了那个时代启蒙知识分子改造日本社会的强烈意识。实际上，正如《现代政治的思想与行动》一书中《人与政治》一篇的"追记"所述，丸山真男在战后初期也曾在建立作为"现实科学"的政治学和"纯粹政治学"之间游移徘徊过。这构成了其思想学术的内在紧张——现实批判和价值中立的矛盾交错。我认为，"丸山政治学"的魅力和不断被误解的原因也正在这里。丸山真男曾坦承："我对现实日本政治状况的判断方法，至少在政治判断的范围内，我想做一个高度的实用主义者。"在说明自己对日本共产党表示宽容的理由时，他则强调面对革命暴动的危险和统治阶层强化镇压的局面，即在"秩序和正义之间"自己更愿意选择"正义"。也就是说，丸山真男最终没有走向"纯粹政治学"，而是更倾向于建设具有启蒙思想指向的、作为"现实学科"的政治学。他强调政治必须处理眼前大量活生生的素材，同时政治学家"在其内心引导他的必须是真理价值才行"。这种追求终极理念的同时不忘入世关怀的倾向，不仅使其政治学具有基于战后日本社会的理论原创性，而且折射出那个时代日本启蒙知识分子对普遍价值的恪守。

启蒙是一个价值重估的过程，如果没有信仰理念的支撑，知识分子将无法完成深刻的观念革命。

综上所述，丸山真男通过思考现代人与政治的密切关系以及民族、国家之共同体和统治形态等问题，在努力调和主体介入和价值中立的矛盾同时，强有力地建构起一种直面现实且有启蒙指向的"丸山政治学"。这一学说彻底摆脱了日本在"二战"以前以"国体"为中心、具有鲜明德意志"国家学"色彩的传统，而且与战后初期以津田左右吉、安倍成能等为代表的"文化国家"思路乃至后来的实证主义政治学不同，从而开启了全新的思路。从这个意义上讲，可以说丸山真男的学术思想在发挥启蒙作用的同时，也实现了学科上的某种"范式革命"。按照托马斯·库恩在《科学革命的结构》中的定义：所谓的范式是指那些公认的科学成就，它们在一段时间里为实践共同体提供典型的问题和解答。如果说《现代政治的思想与行动》在深度批判法西斯专制政体的同时提出了社会重建的议题，那么以西方的市民社会为样板推进日本改造，则是丸山真男给出的基本答案。

《现代政治的思想与行动》中涉及"市民社会"的直接论述并不多。平石直昭大致梳理过丸山真男因应时代变迁而对"市民社会"不同的认识。例如，在1936年所作的《政治学中的国家概念》一文中，丸山真男曾在马克思主义的意义上依据黑格尔的定义提到"市民社会"概念，并看到这种"市民社会"有走向法西斯主义的危险。到了"二战"后，他开始积极谈论"市民社会"，这首先体现在《福泽谕吉的哲学》（1947）一文中。在此，丸山真男透过《欧洲文明史》作者基佐描述的西方近代市民社会结构，分析了福泽谕吉对东洋社会的历史剖析。然后，在与高见顺对谈时，则相当清晰地展示了他对市民社会的理解："在比较顺利地实现了民主化的社会里，即作为市民社会的发展，人们是通过自主性组织而编制成型的""古旧的社会结构崩溃，其后经过相当长的时间才形成市民社会的体制"。各种行会组织、教会和文化团体、政党等自发性组织得以发达，它们"非常广泛的存在终于取代了以往封建性体制，并承担起市民教育和舆论形成乃至生活条件的改善等使命"。可是，日本依然以天皇制统合国民，"我们所面对的是只有国家而没有社会这样一种国家编制"。（《丸山真男座谈》第1卷，岩波书店1998年版）

平石直昭最终要阐明的是，丸山真男的市民社会观有一个由黑格尔模式到基佐再到拉斯基模式的西方来源，而且存在一个从战争期间意识到市民社会有走向法西斯主义的危险而忌谈之，到战后最早意识到大众社会的突起而积极谈论市民社会理念的变化过程。这里明显地反映出，"丸山政治学"背后的理想图景是以西欧古典自由主义的"市民社会"为榜样的。这个"市民社会"理念包括其现代主义思想倾向，后来也成为人们评价丸山真男的核心问题。

"不断革命"与知识分子问题

"近代主义"与"知识分子"是孪生一体的两个概念。十七八世纪发生于西欧的启蒙运动推动了近代社会制度和思想文化的大发展，也构筑起有关普遍历史与世界主义的思考方式。其中，知识分子成为启蒙运动的主要推手和"近代思想"的创造主体。然而，随着19世纪后期西欧出现"危机思想"，尤其是两次世界大战以后，近代思想体系和知识分子的存在价值开始遭到质疑。丸山真男的思想是"二战"以后日本启蒙时代的特殊"现象"。作为一个典型的普遍知识分子，他能否为后现代主义批判提供反证以显示近代性思想的价值，或者为反思知识分子问题提供参照呢？这个现代主义与后现代主义之争不单是日本问题，同时也关系到当代中国的思想语境。

在这里，我想对《现代政治的思想与行动》中文版序言的作者柄谷行人的观点做些讨论。柄谷行人强调："丸山实际上所从事的研究，并不是市民主义或自由主义之类，是一以贯之的马克思主义的问题"，即20世纪30年代"讲座派"所追究的日本社会性质——封建性的残留。丸山真男是一贯追求"社会主义"的人。这一观点看上去有些"隔膜"，与我们印象中的丸山真男不大相同,甚至有中国学者认为这是柄谷行人的"误解"。(任剑涛:《丸山真男:保持对政治的怀疑精神与决断能力》,《新京报·书评周刊》2018年7月28日)不过,我认为如果了解柄谷行人对社会主义、共产主义的独特理解,那么说丸山真男对社会主义一贯有所追求,也没有错。相反,这种说法可以进一步印证丸山真男作为"普遍知识分子"对终极理念的关怀,值得我们再做讨论。

新世纪以来,柄谷行人在以《跨越性批判——康德与马克思》为代表的一系列著作中,一直在思考社会主义并试图重建共产主义道德的形而上学。他通过关注康德并与马克思著作对照阅读,发现在康德的"形而上学批判"背后有着对作为实践和道德命令之形而上学"重建"的意图。这触发了柄谷行人以"整合性理念"而非"建构性理念"来理解"共产主义"。柄谷行人认为,作为道德形而上学理念的共产主义之所以消失,是因为19世纪的世界社会主义运动逐渐偏离了将其视为乌托邦或康德所谓的"超越论假象"的方向,而把生产领域的斗争和对抗国家的运动作为扬弃资本主义制度的革命目标。共产主义理念一旦落地,则变成"建构性理念",社会主义革命也就成为建设现代民族国家的工具,而作为"整合性理念"的共产主义理想却灰飞烟灭。反思既往展望未来,我们需要恢复马克思的政治经济学批判,并重建作为"头上的星空和心中的道德律令"之共产主义理念。否则,人类将永远失去前行的方向,思想也无以化为构筑未来的实践力量。

丸山真男在战后一段时间里曾亲近马克思主义者和社会主义阵营，后来自称社会民主主义者，而在冷战结束后的晚年又感觉"到了真正拥护社会主义的时代"。（《丸山真男座谈》第9卷）这里所谓的"社会主义"可以说是从冷战解体中获得重生的、作为理念的社会主义，也即柄谷行人所谓的"道德形而上学"。丸山真男一生的政治立场虽然可能有变化，但不变的是他在思考民族和社会重建的同时对普遍价值和终极理念——真理价值的坚守，从而使他具有福柯所谓的"普遍知识分子"的品格。在此，为了讨论的进一步深入，我愿意用丸山真男自己常常谈到的"不断革命"概念，来形容这种普遍知识分子的品格。

柄谷行人称丸山真男是一个追求社会主义的人，其主要依据是《现代政治的思想与行动》最后一章"追记"中的一段话："毋庸置疑，民主主义并非只终结于议会制民主主义。议会制民主主义只是民主主义在一定的历史条件与某种制度下的表现而已。但是，我们不管是过去还是将来都不会看到一个完全体现民主主义的制度，人们至多只能谈论某种程度的民主主义。在这个意义上，'不断革命'才是真正符合民主主义这个词的。"（《现代政治的思想与行动》中文版）也就是说，议会制乃至民主主义本身不是目的。"不断革命"意味着走向一个终极理念的过程，这个终极理念甚为高远，可能只是人类高迈而美丽的一个愿景或乌托邦。这个乌托邦大概永远无法落地成为现实，但人类需要这样的终极关怀来引导自身走向至善。知识分子应该有对终极理念的追求，这样才能达到"不断革命"——永远进步的境地。

我还注意到，在发表于同时期的一篇题为《缺乏普遍意识的日本思想》的访谈中，丸山真男对"不断革命"的概念内涵有更明确的规定，即对个人独立价值的追求，并以此为准绳来批判制约实现人之价值的各种制度："我这样说，常被视为'近代主义'。然而我认为，只有这种'近代化'才当得起'不断革命'。有人说社会主义是不断革命，其实不然。因为那只是在某种历史状况下产生的体制。如我所言，参与普遍性问题的思考、视人不论贵贱、生而有其独立的价值，站在这种肯定个性之终极价值的立场上，并以此为基准对政治、社会的种种运动和制度加以批判，这就是'不断革命'"。（《丸山真男集》第16卷，岩波书店1996年版）

"个性之终极价值"，这应该是人类坚守的价值之一。作为启蒙知识分子，丸山真男"不断革命"的实践则主要在于"说出真实"。对此，他有着非常清醒的认识。例如，在讨论施密特所谓的纳粹并未摧毁德国知识分子内心自由的问题时，丸山真男谈到外部"异议人士和内部顺从者"对"事实"感受不同而纳粹通过隔离内外以实现同化，由此引出知识分子要说出"事实"的责任问题。政治常常是虚假的，所映现的往往是"颠倒的世界"。在此，丸山真男对马克思异化理论和无产阶级革命做出了独特解释：无产阶级代表了资本主义社会所有非人性的面向，因此，解放全人类的所有激情源自颠倒的生活形式和价值感。也因此，马克思阶级斗争理论不是要单纯颠覆压迫阶级，而是要改变整个"颠倒的世界"。

然后，丸山真男对知识分子的使命做出如下阐述："当今知识分子艰难而光荣的任务不在避免这个悖论，而是要站在彻底参与和彻底'不负责任'之间，为做出通过内部超越内部的展望而努力。因而，这不是那种被称作'自由主义'的特定问题，而是意味着，无论一个人代表什么信念、为哪种信念而战斗，他都凭着智识为之奉献。因为智识的功能也就在于，在任何时代，都把他者作为他者，置于外在理解。"(《现代政治的思想与行动》中文版)

从边缘的位置出发说出"真实"，凭借知识为信念而战斗，这是丸山真男的知识分子观。萨义德在《知识分子论》中曾提到葛兰西的"有机知识分子"说，认为这很符合20世纪后期的现实。传统的知识分子已经散落到"知识工业"的各行各业，发挥着行动知识分子的功能。对于福柯的特殊知识分子取代了普遍知识分子的观点，他则认为与葛兰西的有机知识分子意思相近。但是，萨义德更强调自己知识分子观的重点在于其流亡的"边缘性"，站在边缘位置向权力说真话。其根据则是以下普遍原则："我也坚持主张知识分子是社会中具有特定公共角色的个人，不能只化约为面孔模糊的专业人士，只从事他们那一行的能干成员。我认为知识分子是具有能力向公众以及为公众来代表、具现、表明讯息、观点、态度、哲学或意见的个人。……知识分子这么做时根据的是普遍原则：在涉及自由和正义时，全人类都有权期望从世间权势或国家中获得正当的行为标准；必须勇敢地指证、对抗任何有意无意地违反这些标准的行为"。（《知识分子论》中文版，生活·读书·新知三联书店2002年版）比照萨义德的论述，我认为丸山真男大致位于葛兰西所谓的传统知识分子和有机知识分子之间。同时，他站在边缘位置上而始终坚守普遍价值，则符合萨义德的知识分子观。丸山真男的著作时隔半个世纪依然对我们有强大的思想冲击力，原因正在于此。

谈论丸山真男以及"二战"后一代日本知识人的历史，其实与中国不无关系。我们知道，20世纪后半叶的中国实际上也处在世界大潮之中，只是因一些原因使得中国与世界潮流错位了二三十年。

许纪霖在《公共知识分子如何可能？》一文中，借助布尔迪厄的理论提出一条从特殊走向普遍的知识分子理想类型，以期待当今中国能够形成一种专业化的公共知识分子——"他们将学院生活和公共空间连接起来，并赋予超越的批判性意义"。这种"超越的批判性意义"的获得，在于重拾对普遍性的追求，即"从特殊走向普遍的视野来看，世界既不是由虚幻的意识形态所构成，也不是被后现代和技术专家分割的支离破碎；它从各个不同的特殊性立场出发，汇合成一个共同的、又是无中心的话语网络，正是这样的整体网络，建构起当下世界的完整意义和在权力与资本之外第三种力量：自主的和扩展的文化场域。"（许纪霖：《民间与庙堂——当代中国文化与知识分子》，生活·读书·新知三联书店2018年版）由此，知识分子将获得公共性的基础。这是当今中国知识界的代表性观点之一，即期待在普遍知识分子消失之后，能有新型的公共知识分子出现。

那么，日本战后思想家丸山真男的政治学实践和知识分子意识，能否对当下中国有所启示呢？我以为，身处战后启蒙时代的丸山真男并非今天意义上的公共知识分子，他有对民族复兴和国家再造的激烈追求，这是曾经一度遭到"灭顶之灾"的日本"国家"造就的那个时代的知识分子的特殊情结，即所谓的"悔恨共同体"。这是丸山真男思想的历史独特性甚至力量的源泉所在，但也成为如子安宣邦、酒井直树等后现代主义者加以批评的地方。我在这里，试图关注其思想的另一面，即他也怀揣着对"不断革命"和真理价值的一贯追求而呈现出某种普遍知识分子的倾向。这些都是丸山真男思想复杂性的所在。

总之，知识分子特殊社会角色在20世纪70年代以后的消失，根本在于世界失去了对普遍主义的追求。因此，知识也只能成为技术手段。普遍价值和终极理念源自世界上"普遍危机"思想的存在,以及对人类发展的总体关怀。21世纪,我们面临着新的生态环境危机,经济政治制度的深度疲劳以及宗教心灵的普遍瓦解,这些问题理应促使我们去寻找整体性的解决方案,也需要我们重拾对真理的追寻。因此,重要的是我们需要意识到"普遍危机"的存在。这也是我阅读《现代政治的思想与行动》一书的主要感受。

2019 年 1 月

(原题为《战后启蒙时代与最后的知识分子:读丸山真男〈现代政治的思想与行动〉》,收入"知识分子论丛"第 16 辑《丸山真男:在普遍与特殊之间的现代性》,江苏人民出版社 2021 年版)

东亚论述的丰饶意味
——我与《读书》四十年

一

如今,传统的纸质出版行业面临着来自网络数字化等新媒体的前所未有的挑战。但我认为,近代以来以书店出版、期刊和作者读者构成的文化建设与思想舆论形成的知识生产链条,其起到贡献社会并影响人们观念进步的作用,在未来相当长一段时间里依然不会有根本的改变。我生也晚,未曾经验过晚清至"五四"以来中国近代印刷出版发达的盛况,但改革开放四十年间,被称为知识人精神家园的生活·读书·新知三联书店,特别是《读书》杂志,则一直伴随我走过青壮年读书治学的风雨路。"她"在中国社会所发挥的观念变革和为改革做理论辩护的独特功能,的确值得我们记忆和思考。值此《读书》创刊四十周年之际,我愿像面对老朋友那样,仅就其二十年来所形成的一道独特思想风景线——东亚论述,谈谈自己的感受和体会及殷殷期待。为了自己与一本杂志、一个时代,也为了《读书》的未来。

与一些同龄的读书人相仿佛，我和《读书》的关系可以分为前后两个时期。在前二十年我是一个忠实的读者，从上大学读研究生到从事学术研究一路读下来，不仅尝到了问学阅世的快乐，也从中获得了不同时期各种思想话题和舆论动向的多方面刺激。而在我，即使于去国留学的他乡，也没有忘记时而到图书馆翻阅这装帧朴素而内涵丰富的爱读刊物。在后二十年我则依然是忠实的读者，但不知不觉间也渐渐成为"她"的一名作者，并参与到有关东亚，特别是日本问题的讨论中来。就是说《读书》对我而言，乃是一个思想知识输入、产出的重要窗口。

第一次给《读书》投稿的情况，我至今印象依然深刻。那是 2002 年我还在日本游学时，当把柄谷行人《日本现代文学的起源》译成中文交"三联书店"后，我也把"译后记"投给了编辑部。此时，正是《读书》积极致力于"亚洲区域"问题讨论的时候，"日本"成为一个重要的话题。但我海外留学十年对国内思想学术界已然生疏且属于默默无闻者，心想恐难引起编辑的注意吧。结果却出乎意料，在不久之后的一个会议场合，当时的执行主编见到我后便表示认可并要求我马上给这篇"译后记"起一个标题。于是，拙文《从"起源"上颠覆文学的现代性》也便登在了 2002 年第 6 期，而且题目居然和所仰慕的王蒙等大家一起上了封面，我心中自然一阵惊喜。这是我给《读书》写文章的起始。如今检点旧刊旧文，我惊讶地发现，包括译文在内居然有十五六篇之多。而自2003年回国至今，在我个人则是学术成型最重要的黄金十五年。我于心中暗自庆幸并默默感激《读书》的伴随，是"她"时刻鞭策我写出更优雅、更高水准的文章，而使自己的学问不至于太过肤浅平庸。同时，这也为我参与国内的学术思想讨论提供了平台。

二

我这些年在学术上的关注焦点大概在两个方面，而且有一个前后重心转移的过程。最初是有关"二战"后日本当代学术思潮的介绍与考察，后来逐渐扩展到近代以来中日间的思想文化关联方面。就是说，有一个从日本到东亚、再由东亚到中日关系的演进过程。而直到最近，我才感觉到摸索出了一条略成系统的思考路径，那就是以庞杂丰富而久为历史所尘封的亚洲思想资源为依托，在犬牙交错、彼此互为依存条件的关系结构中，努力构筑中日间思想文化的东亚同时代史。这同时代史，将改变以国别为单位或者在两个民族国家之间进行比较的历史叙述模式，而重在东亚区域中的多重结构关系中，考察交错的历史实践和思想关联。我的上述转变，当然与新世纪以来方兴未艾的区域史、全球史研究的刺激有关，而《读书》这些年来有关东亚问题的讨论，也的确促发了自己的思考。

记得《读书》是从20世纪90年代中期开始关注日本、东亚乃至亚洲区域问题的。我手里至今还保存一套2007年《读书》三十周年之际编选的五卷本《〈读书〉精选：1996—2005》，其中就有一本《亚洲的病理》独立成册。按照编者所言，针对20世纪90年代以后国内国际形势的巨大变化，《读书》意识到创刊以来单纯的西方想象和泛泛的文化讨论已经难以回应时代的要求。因此，试图超越西方中心论而首先展开"对亚洲和世界其他地区的讨论，从文化、经济和政治等各方面重构我们的世界图景，突破新自由主义全球化的意识形态创造的种种幻觉"。（汪晖、黄平：《〈读书〉精选·序》）今天看来，当初的这个设想和目标，不仅在此后的《读书》上得到了落实，而且获得了远比"超越西方中心论"一项目标更为丰硕的思考成果。东亚论述作为一个思想议题，如今已为国内读书界所接受和认可，也成为《读书》杂志持续关注的重要议题和鲜明特色之一。

我觉得，改革开放后赴日留学的第一批学成归国者参与到《读书》有关日本、东亚之战争与革命的讨论中来，乃是其东亚区域论述有了焕然一新气象的重要原因。特别是其中几位原本中文、历史出身的，在将于日本所积累的学术资源接续到现实中国的思想语境中的这一方面，发挥了独特的作用。一方面，他们的现实关注敏感而理论意识鲜明，这使得有关日本、东亚的讨论，具有了思想论争的意义和历史与现实的纵深感。另一方面，一些日本、韩国的学者直接参与到东亚论述中来，也是气象焕然一新的原因之一。这带来了区域内不同民族国家间的彼此历史语境和思考方式上的激烈撞击与对话。我说《读书》上的东亚论述其思考成果远远溢出了"超越西方中心论"的目标本身，是想强调一个以晚近四百余年为历史时期、注重其区域内部自身变革的契机与思想互动的条件，特别是对近代以来东亚现代状况的重新描绘，其中很多敏锐的思考已然在《读书》上形成了一个崭新而有效的论述场域，具有了丰饶的意味。比如，东亚三国对战争与革命的不同记忆、殖民侵略与反帝反殖两相对抗所形成的各自现代化道路的差异、传统朝贡体系和现代国际法的冲突，以及后者取代前者对区域内相互缠绕的历史之塑造、日本近代史上的亚洲话语其正负两面的意义，乃至当今区域"知识共同体"建构的可能性，等等。总之，思考一旦冲破了东西方二元对立的思想牢笼，便得以释放出新的想象力。

从数量上观之，近二十年《读书》上有关东亚的论述以日本为重。在二百余篇的文章中，有三分之二的讨论直接与此相关。这不仅因为近代以来该国对东亚区域的影响实在巨大，包括积极与消极的两方面，还在于自明治维新以来这里始终是"东亚"话语的主要知识生产地。因此，无论在历史层面还是在话语层面，我们都无法绕开这个"日本"。不过，与以往不同的是，《读书》中的日本讨论被有意识地置于中日、日韩、中韩互为构成的东亚近代史中。或者反过来讲，日本曾有的与东亚的密切关联使讨论逐渐浮现出一个"你中有我、我中有你"的东亚场域。就是说，由于是在"相互缠绕的历史"中开展的讨论，它在中国第一次打开了国别史或各自民族国家叙述的羁绊，而揭开了原本彼此交叉连锁的历史图景的一角。这同时强有力地在暗示我，单一的日本或者孤立的中国研究乃至以往那种以等级化二元模式开展的中日文学比较研究等，都难以抵达历史的深层和思考的新高地。我个人在学术关注视角上从日本研究到中日思想关联再到东亚同时代史的转变，就得力于这些年来《读书》的种种启发。

三

东亚论述的全新场域已然形成，种种历史与现实的课题被渐次提出，这应该是《读书》办刊四十年中值得记忆的一件事。不过，我以为这也还只是一个思想话语场形成的开始，我们应该在诊断了"亚洲的病理"，对 20 世纪民族与社会革命暴力有了理智认识之后，进一步释放思想理论的想象力，从历史和现实的情境出发，描绘文明共生的未来东亚新图景。就是说，在历史认识达成基本共识的条件下，我们应该更积极地谈论区域的未来。

就我个人的想法而言，未来几年至少有这样一些课题需要继续思考和讨论。比如，日本的"东洋学/支那学"乃至后来对中国革命及亚洲的论述，其中从"二战"前帝国主义殖民学到战后第三世界民族解放形成大潮背景下所展开的新亚洲主义等，明显存在深刻的断裂。但是，由殖民地政策学到"地域研究"，转变的是帝国知识的政治意识形态性和居高临下的眼光，而京都学派所代表的文献考据实学和其他日本学人的区域论思考，则前后依然有着内在的联系。这是近代以来日本人有关中国和东亚的知识生产的复杂性所在，需要我们在对此进行有效的解构、批判和历史语境的阐明之后，再来思考区域思想资源的共享问题。这将纠正 20 世纪 90 年代以来中国对海外汉学，特别是日本近代中国学不分青红皂白地接受乃至拥抱的现状。另外，在晚清中国出现的东西方知识交汇如何暗自促动了明治维新以来日本的改革、辛亥革命特别是 20 世纪 20 年代的中国大革命，其以孙中山、鲁迅、毛泽东为代表的从民族解放和社会革命方面推动自身现代化变革的尝试，怎样刺激了东亚地区的朝鲜半岛、日本，特别是"二战"后左翼思想的形成等，也是需要同时进行的考察课题。这样，近代以来中日间乃至东亚区域内的知识连锁和思想互动，其历史的原生态才能得以呈现。我希望，这也能够成为《读书》下一步深入推动东亚论述的重点之一。

此外,则是一些还未形成系统思考的题目。比如,"二战"期间国际共产主义者尾崎秀实的中国观及亚洲论述具有怎样的历史与现实意义,他的遗产在战后如何被日本的中国研究者所继承。再比如,20世纪50年代以来日本有良知的知识分子对战争、民族、国家的深刻反思,特别是从根源上对国家暴力的质疑。这源自殖民战争的血腥和帝国主义"国家"对国民深入骨髓之压迫、控制的不幸历史,故其反省有切肤的深刻之处,足以成为东亚共同的思想遗产,需要我们进一步深入地阐发。与此相关的还有,战后日本大部分国民在和平宪法之下建设文化国家的意愿和实践,虽然时常与政治外交上的国家意志或右翼民粹的思潮相冲突,但其构想和经验依然有脉络可寻且极具超前的思想价值,足以供未来本地区建设文明共生之新东亚的参照。这些我想做的题目,当然还是以日本为主,但若有意识地将其放到东亚论述的场域中加以思考,就会推动中日间东亚同时代史的构筑乃至新东亚图景的绘制。

最后,我想稍微离开"东亚论述"的话题,谈谈自己对"三联书店"和《读书》的进一步期待。"三联书店"自有其源自中国革命的历史传统和集结读书人、知识分子以传承人文精神、致力于文化建设的高迈格调。与邻国日本相对应,其在人们心目中的地位大致与岩波书店相仿佛。创始于1916年教养主义之大正时代的岩波书店，始终坚守学术立场，以左翼批判精神为依托，在重视古典和教养的同时开拓了现代思想学术的天地，其岩波全书、岩波文库与岩波新书等大型书系，构成其百年发展的支柱。仅就杂志而言，最有影响的是《世界》和《思想》两种，在"二战"以后激荡的日本，它们共同发挥了积累思想共识、形成舆论导向、提出时代重大课题的特殊作用。而学术立场和批判精神则为其持之以恒的不变根本。如果说《世界》重在直接提出现实社会的舆论话题，那么《思想》更重视理论研究和对应现实的思想议题的提出。

我们的"三联书店"，则有《三联生活周刊》和《读书》与之相类似，但又似乎不尽相同。特别是《读书》，"她"有自己独特的兼涉各类问题并以文史为主、关注现实思想敏锐而以趣味读书和问学论道方式迂回呈现的优雅写作风格。有日本朋友曾笑道，中国终究是一个有着数千年文之传统的国度，一本思想评论杂志也可以养成这样高雅的风度！我也觉得，这是《读书》在中国期刊界鹤立而广受读者喜爱的地方。但有时候过度的舞文弄墨（没有贬义），也会淡化甚至遮蔽了介入现实、提出问题从而形成舆论导向的思想评论功能。就是说，《读书》在保持和发扬重视人文的固有风格的同时，能否进一步以学术和思想为依托，在提出现实重大议题而形成舆论倾向，在为社会改革和观念发展辩护，为更加合情合理的世界之建构做理论准备方面，再倾注一些力度呢。我想，这应该是一本思想评论杂志更为根本的使命之所在。

2018 年 8 月

（收入《我与〈读书〉》，生活·读书·新知三联书店 2020 年版）

走出"求法"与"传道"的留学怪圈

东西方文明汇通中的留学现象

百年前,正是第一次世界大战结束而巴黎和会召开在即、全球面临"文明危机"和政治重组与文化汇通的激荡时刻。一个使 20 世纪得以铸型并影响至今的"大势"已然形成。这就是"文明"伴随着战争与革命而在世界各区域、各层面深度撞击和交汇,致使任何一个民族国家的政治、经济、文化的发展都无法局限于内部,必须在文明的抗争与互鉴中推动自身改变。其中,经过工业革命而形成于 19 世纪欧洲的现代性遭遇了发展的"危机",而同时出现的"资本"摆脱民族束缚强势向全球扩展,无疑是构成这场政治重组和文化汇通的主要动因。正所谓"西力东渐",其以"世界大势,浩浩荡荡,顺之者昌,逆之者亡"的态势激荡于全球。中国近代社会的转型以及五四新文化运动的发生,自然也是在这样的世界情势下胎动、形成和蜕变的。

需要指出,这场史无前例的"文化汇通"是在物质技术上的进步与落后、精神心态上的进攻与保守等力量结构和态势极不平衡的状态下发生的。正如"西力东渐"一词所表征的那样，西欧文明的强势作用成为"文化汇通"的一个主要推动力量，而不同于往昔异质文化系统或地区间由高到低的自然流动。由此，产生了种种不同寻常的现象和问题。中国百年留学大潮，其运动和制度的产生与建构乃至留学精神史的形成，就是这种结构不平衡之文明撞击和文化汇通的结果。人们常说，五四新文化运动是由海外归国留学生一手推动的。那么，对于在今天回顾和反思五四运动的我们，就值得对这一留学现象做整体综合的考察，或许它将从一个侧面揭示近代中国新文化乃至现代教育制度的内在问题和结构特征。

综观中国的留学现象，我认为有三个相互作用而紧密关联的层面需要综合的考察，即留学运动的开展、留学制度的建设和留学精神史的形成。我们已知，容闳是近代第一位留学海外的中国学子。他到达美国是在1847年，1854年从耶鲁大学毕业。清政府在1871年批准面向美国的中国教育计划和第一批三十名幼童赴美，这可视为中国留学制度草创的起始。此后，从1881年该计划终止到中日甲午战争失利，大批青年学生赴日留学，由此形成中国近代以来第一股留学大潮。这个潮流有起有伏，例如"一战"期间日本提出"二十一条"导致留日运动迅速落潮，但西方列强以庚子赔款在华办学并选拔留学生，又逐渐兴起中国人留学欧美的新潮。另外，中华人民共和国成立后于20世纪50年代大量派遣学生留苏,然后改革开放后开始海外留学全方位的再兴,延续至今。不过留学运动和留学制度的因果关系已难以仔细分辨,基本上是一个互为因果、彼此推动和相互制约的复杂结构。但是,为了反思留学运动的过剩和留学制度的利弊,我们还是有必要区分这两个层面。至于留学精神史的问题,则是文化差异和文明冲突在个人乃至群体心理层面的反映,足以深刻呈现近代中国以"弟子国"自称,其留学生的自卑与自大心理以及在本土与外来、东方与西方之间作为"文化中介"而缺失主体性的尴尬位置。这背后,还有一个"师法日本""学习英美""以俄为师"乃至全面向外谋求现代化经验的、延绵不断的民族悲情和国家使命的过重负载,使得百年中国的留学运动异常跌宕起伏,而始终未能摆脱"求法"于异域的模式。

这个"求法"模式,自然是近代中国积贫积弱而社会转型工程巨大、传统文明未能给现代建设提供直接有效的资源所导致。同时,也有西方强势文化诱导利用的所谓"传道"模式的配合——有别于17世纪以来西方宗教团体和个人在世界各地的布道,西方国家与宗教组织直接来华兴办教育,间接推动了中国留学运动的潮起潮落。中华人民共和国成立后,教育主权得以回归人民,外国在华办学的制度由此退出历史舞台。但是,一种隐蔽的文化心态依然残留不去,中国人要去异域他乡"求法",而西方发达国家则要来"传道"。或者截然相反,东方人为了与西方强势文化抗辩而反向地努力宣讲自身文明的价值。这些都成为影响中国留学潮流走向和教育制度建构的心理因素。难怪有人在21世纪初的中国大学改革中,依然要疾呼"大国崛起的根本标准就在于结束中国留学运动"。(甘阳:《文明·国家·大学》,生活·读书·新知三联书店2012年版)

因此,在回顾百年中国留学现象之际,我愿提出以下主张:为了建立文化自信基础之上的现代高等教育体制,也为了实现真正互通有无、彼此平等的文化汇通的思想学术交流,中国人需要走出"求法"与"传道"的百年留学怪圈。在结束政治化和泛国民化的留学运动的同时,也应切记不要重回"传道"的老路——无论是西方人欧洲中心主义文明传播论式的,还是东方人反向的申诉抗辩式的。因为,文明对抗的二元结构不仅难以实现真正的文化汇通,反而会导致过剩的文化民族主义,不利于虚心坦怀的文明对话与和平共生。真正个人化主体性的、不同文明体系间的思想文化交流,则应该建立在相互尊重文化差异、坚持文明多元的世界主义高迈理念以及个人的兴趣爱好之上。这样,也才能终结一个世纪以来中国人留学精神史上的种种悲情心态。

留学运动的潮起潮落与留学制度的本来目标

我们今天所谓的"留学",是19世纪以来民族国家在世界各地迅速兴起而现代教育制度出现后的产物。它成为不同国家、民族之间的文化、思想交流的一种重要模式。虽然广义上的留学或游学古已有之，比如中国历史上的玄奘取经印度、日本古代的遣唐僧求学大唐中土，还有14世纪以来欧洲内部大学之间人员的相互交往。如果将古代和现代联系起来观之，可以发现古往今来的游学或留学其目的不外乎两种类型："求法"与"传道"。当然，因时代和历史的差异，中古和现代所求之"法"与所传之"道"其内涵已大不相同。在世界普遍经历世俗化和西欧资本主义全球扩张之后，现代教育制度下的留学已经渐渐失去其宗教意义，更多的是资本主义及其殖民扩张造成世界不同地区的差距，从而产生"弱势地区"流向"发达地区"以"取经"现代制度和学术技艺的"求法"，或者西欧人士来到东方以实现所谓文明传播的使命，以及东方人反向的向西方申诉抗辩式的"传道"。这是一种新型的、具有强烈时代特征和政治意涵的"求法与传道"留学模式。

留学运动，是一种首先出现在世界"弱势地区"的民族国家的独特现象。所谓"运动"，指超出教育体系中留学制度所规范的边界，成为一时一地人们趋之若鹜、竞相投入其中的一种社会趋势或现象，又因为时局和社会条件的变化而产生潮起潮落的波动。中国自19世纪末出现"留洋"现象，到20世纪最后三十年即改革开放时期的留学大潮，百年来大致经历了四股留学运动的热潮。

从中日甲午战争后的1895年至废除科举的1904年前后，出现留学东洋日本的第一股热潮，人数多达两万余人。这一次留学潮流的兴起有种种社会历史的条件和动因，其中日本明治维新的成功及其学习西方经验的有效性，使维新变法中的国人对日本的改革刮目相看。另外，废科举又促使人们涌向"洋学堂"乃至海外留学之路，而同属于东亚民族的"同文同种"的幻想，则助长了当时国人赴日留学的社会心理之形成。然而，也正是这个"同文同种"的幻想，当遇到已然成为世界列强的日本以帝国主义态势威逼中国时，其幻灭带来的心理落差也就更激烈，从而导致留日运动在"五四"前夕迅速降温。

第二股中国留学热潮没有第一股那么集中迅猛，但持续时间长而且对中国教育事业和学术文化产生巨大影响。1906年，美国伊利诺伊大学校长埃德蒙·詹姆士和传教士明恩溥建议罗斯福总统用多余的庚子赔款来教育中国学生。两年后，美国签署行政命令准备在中国建立留学预备校。这促成第一批庚子赔款学生四十七人在1909年赴美和1911年清华学堂的建立，由此开启了中国人留学欧美的新潮。（史黛西·比勒：《中国留美学生史》，生活·读书·新知三联书店2010年版）到了抗日战争结束，则出现赴美留学人员剧增的现象，遂将这股已持续约四十年的留学潮流推向高峰，并呈现出"运动"的态势。有学者指出："五四学生运动后的十年，思想界一个明显的趋势是留英美学生的优势日显，逐渐取代过去留日学生的地位，而在高等教育领域，留美学生更渐成主流。越来越多的思想资源直接来自西方，不再转手于日本。到中国成了西方思想的战场后，留学生的作用和影响进一步增强。"（罗志田：《中国留美学生史·序言》）

第三股留学热潮则出现于中华人民共和国成立之后的20世纪五六十年代。这一时期有大批学生被派往苏联和东欧留学。从大的历史脉络上讲，这股热潮无疑是20世纪以来留日和留欧美两次潮流的延续，但没有形成"运动"。因为，这始终处在新中国教育制度和国家对外交流之下，个人选择有限，留学制度的导向十分清晰。正如有研究者指出的那样，当时的"留苏学人除认同苏联在科学教育方面的先进性之外，还认同苏联所代表的政治制度和社会生活的先进性"。其留学的学科方向也主要集中在科学技术和政治理论方面。据悉，当时有八千余名中国留学生在莫斯科、列宁格勒、基辅、明斯克等城市学习和生活，这"是中苏两国历史上最正式、最规范和持续性最长的文化交流行为"。（张建华：《20世纪五六十年代的留苏学人及其视野中的"苏联形象"》，载《华侨华人历史研究》2018年第1期）然而，我们也不得不指出，赴苏留学生虽然对新中国社会主义建设意义重大，作为对外的唯一渠道发挥了文化交流的重要作用，但其明确的政治性和文化交流的单一性也反映出当时留学制度建设的不足。

改革开放后，我国重建高等教育体制并重启留学计划，公派、自费、公派自费等制度的灵活实施，强有力地推动了第四股全方位留学海外的热潮。一时间，大有晚清留日和抗战后赴美大潮再兴之势，明显呈现出"运动"的态势。据教育部统计，1978年到2005年，中国约有九十三万人通过国家公派、单位公派和自费留学三种渠道，前往一百零八个国家、地区留学，学习专业几乎涵盖现有全部学科，规模亦前所未有。这的确是一股波涛汹涌的留学热潮，在世界教育史乃至文化交流史上也属罕见。回顾百年中国留学的历史，我们不难发现，这一股留学热潮背后依然贯穿着那个"求法"域外的思想逻辑，即要全面学习和接受西方国家的现代化经验。这至少在20世纪八九十年代出国的那一代留学生那里是如此，故能共鸣于鲁迅"我以我血荐轩辕"的家国情怀。

始于五四运动前后的百年留学大潮，已经成为推动中国现代转型的重要因素，其贡献于社会改造和新文化建设的历史功绩，显而易见。但是，留学成为"运动"而潮起潮落，影响到社会各个方面，也产生种种问题。早在20世纪20年代，舒新城在其所著的中国第一部留学史专著中就曾指出："现在的中国，留学问题几乎为一切教育问题或政治问题的根本；从近来言论发表的意见，固然足以表示此问题之重要，从国内政治教育实业诸事业无不直接间接为留学生所主持、所影响的事实来看，更足见留学问题关系之重大。"（《近代中国留学史》，中华书局1928年版）历史上，我们曾经有过在教育和政治上过度依赖海外留学生以及外部思想资源的情况,今天这种情况似乎已有所改观。但是,留学运动所带来的社会心理乃至文化思维定式,其对主体性教育制度的建设和民族本位的文化自觉的形成,恐怕依然有负面影响。中国是否应该继续以往那种"求法与传道"的留学模式?为了探讨这些问题,我们有必要回到百年留学大潮的当初,回顾其运动生成之际就蕴含的种种问题。胡适作于1914年的《非留学篇》无疑是其中重要的文献之一。

作为最早在庚子赔款下赴美留学的人员之一,胡适在到达大洋彼岸的第四年写下了《非留学篇》。该文的确是一篇感时忧国、痛切时弊而思虑深远的重要文章,所以谈论中国百年留学史和教育问题的学者都提及此文。1914年,正是中国近代第一股留日大潮将落而新一股赴英美学习的潮流将兴之际,胡适身为当事人之一处在此新旧更替的当口,其思考起点高,提出的问题切中要害,我们今天读来亦深受启发。所谓逻辑起点的高远,在于他将留学问题置于东西方文明撞击与汇通的大背景下,其立意指归在"为神州造一新旧泯合之新文明",这仿佛预示了不久将至的五四新文化运动,所讨论的具体问题,就集中在留学运动之弊端和教育方针之确立这两个方面。

胡适认为,曾经有"泱泱国风,为东洋诸国所表则"的我国,如今"一变而北面受学,称'弟子国'",实乃奇耻大辱。但是,近代以来西方各国登峰造极"为世界造一新文明",其浩荡之势席卷全球,中国旧文明已经无以阻挡这股西方现代文明大势。因此，派遣学子留学异邦而"作百年树人之计"，的确势在必行。但是，晚清以来四十年的留学成为潮流和运动，国人忘记了"留学者，过渡之舟楫而非敲门之砖也"和"救急之计而非久远之图也"，结果政府推波助澜令人趋之若鹜，其方针不注重本国的教育振兴而完全依赖于国外培养学生。更有甚者，民国成立之后，不仅没有改变晚清的教育政策，反而"以官费留学为赏功之具"，更助长了以留学追求功名利禄的社会心理。留学生自身又多为此求速成，且偏重实业、轻视文科、不讲究国术，致使现代教育"为吾国造一新文明"的唯一方针无以实现。为了改变国内高等教育机构几乎成为留学预备校的状况，胡适还提出慎重选择留学生和增设大学的具体建议，其根本在于回归留学的本来目的和建设中国本位文化的长远目标。

《非留学篇》的结论曰："吾国今日处新旧过渡、青黄不接之秋，第一急务，在于为中国造新文明。然徒恃留学，决不能达此目的也。必也一面亟兴国内之高等教育，俾固有之文明，得有所积聚而保存，而输入之文明，亦有所依归而同化，一面慎选留学生，痛革其速成浅尝之弊，期于造成高深之学者，致用之人才，与夫传播文明之教师。以国内教育为主，而以国外留学为振兴国内教育之预备，然后吾国文明乃可急起直追，有与世界各国并驾齐驱之一日，吾所谓'留学当以不留学为目的'者是也。"（《胡适文集》第9卷，北京大学出版社2013

年版）这"留学当以不留学为目的"的主张，在当时振聋发聩，于今天仍然意味深长。胡适当然不是要否定留学行为和制度本身，而是希望结束成为一种社会现象、令人趋之若鹜的留学运动。我们不能不说，胡适当年所论留学根本目的在于"造一新文明"的高远理想至今仍未完全实现，因为我们的留学运动似乎还没有彻底终结。他所提倡的高等教育独立自主，辅之以"留学为国内教育之预备"的建议，依然有其参考价值。同时，留学运动的结束也意味着百年留学精神史上的种种悲情和扭曲心态的终结。

留学精神史的问题所在

罗志田在为美国学者史黛西·比勒的《中国留美学生史》中文版所作的序言中强调，从晚清到中华人民共和国成立前的数次留学大潮均对社会产生重大影响。然而他也注意到，在此起彼伏的留学运动中，留学生群体内部也是鱼龙混杂，其中一些人未尽"沟通中西文化之使命"，常常只是"文化贩子"而招来国人的"不满"。留学生群体始终在中国社会处在一个尴尬的阶层，"处于中西之间的边缘人"的位置。如果我们进一步用毛泽东的话来诠释这种现象，即"几十年来，很多留学生都犯过这种毛病。他们从欧美日本回来，只知生吞活剥地谈外国。他们起了留声机的作用，忘记了自己认识新鲜事物和创造新鲜事物的责任。"（《改造我们的学习》，收入《毛泽东选集》第 3 卷人民出版社 2003 年版）换言之，在近代以来东西方文明激烈撞击的大历史中，身处"边缘人"位置和发挥"留声机"作用的留学生群体，其身份实在微妙。尤其在外强我弱而东西方力量结构极不平衡的状态下，他们受到来自外部的民族歧视及文化差异的冲击和本土内部的猜疑与不信，加之身上背负着过重的寻求真理、救国救民的政治使命，由此构成了一部波澜跌宕的百年中国留学精神史。这种内外交困的状态，在"读西洋书，受东洋罪"（郭沫若致宗白华的信）的留日学生身上体现得最为突出。

我注意到，近些年来出现了多部研究留日精神史的著作。其中，尤以严安生的《灵台无计逃神矢——近代中国人留日精神史》（生活·读书·新知·三联书店 2018 年版）和李兆忠的《喧闹的骡子——留学与中国现代文化》（人民文学出版社 2010 年版）最为丰富深刻。两位作者也都是改革开放后留学大潮中赴日学习的亲历者，他们带着个人的经验追溯上一代前辈的精神史，大有感同身受、着眼大处、落笔细微的特色。前者主要叙述晚清第一股留日热潮的群体命运，后者借留学生文学创作，重点分析留学生"五四"以来奔赴东西两洋的留学历程，又以留日为主。其中呈现出来的种种面向和问题，值得我们认真思考。

《灵台无计逃神矢——近代中国人留日精神史》同时关注晚清留日群体的精英和大众两个层面，也包括亡命日本的革命党人在内，试图对其作出全景式描述。严安生从中日近代历史脉络和生活细节出发，层层剥离身处异文化环境中留学生的种种精神心理面向。例如，前四章叙写"中体西用"观念下青年学子到达日本的最初感受，特别是维新后的一派新气象所留给人们的鲜明印象；相比之下中国人的"男发"与"女足"在体态上的缺憾一目了然，"野蛮落后之病"与"耻的烙印"在文明开化的镜子前立刻显形，造成如鲁迅那样一生执着于"辫发之辩"的复杂情结；当留学生遭遇日俄战争之际，日本舆论界人种的黄白之争影响到中国人对日心理的变化，而日本国民的民族主义和亚洲主义情绪感染了中国人，又促成中日"连带与抗衡"的微妙心理。由此，该书渐次进入精神史的深层。

严安生认为，中国赴日留学热潮的兴起正发生于两国不幸时代揭开序幕之际，因此精神史的考察也必须以此为基点，而贯穿这个基点的则是两条纵横轴线。纵线是甲午战败列强掀起瓜分中国的狂潮，国人开始产生救亡图存和变法维新的意识，而日本则乘机灌输"东洋对抗西洋"的东亚连带论。"这样一种19世纪末到20世纪初叶的中国以及东亚的时空条件，成了发挥正面作用的横的轴线。因此志士们大举到'同文同种'的邻国去寻求维新的范本。然而从留学生活的维度看，等待着他们的，还有一条经常发挥负面作用的轴线。这就是，汉唐以来的文化宗主国对附属国，鸦片战争后半殖民地化的老大帝国对因明治维新成长起来的新兴帝国，进而是甲午战争之后的被害国与加害国，在时间纵轴上的古今恩仇与位置关系的变迁。"严安生"把这种横向、纵向的正负交错作用视为留日精神史的整个磁场"，从而展开了深度的精神史分析。（《灵台无计逃神矢——近代中国人留日精神史》）

如果说，《灵台无计逃神矢——近代中国人留日精神史》关注的主要是留学生在域外的生活体验和思想变动，那么《喧闹的骡子——留学与中国现代文化》则讲述了百年来中国学子从海外搬运"外来"文物制度、思想学问于中土，在这个过程中历经的文化心理振荡的故事。作者注意到，一部留洋史就是中国学子屈辱受难的历史，同时也是睁眼看世界而求得新知的过程，这决定了在"反帝"与"崇洋"之间有着一种复杂的互动关系，而其文学写作中常常呈现出的"弱国子民"心态，最是荡气回肠而感人至深。如前所述，现代世界的文明冲突与文化汇通始于西欧工业革命后的全球扩张，而东西方文化的互动关系一开始是在力量结构不平衡状态下发生的。从现代性的起源地西欧中心地带向非西方国家和地区的人员移动，呈离心状态的向外扩散的运动；从后发展国家和地区向现代性中心地带的人员移动，则呈向心状态的"求法"取经态势。这是一个强弱有别而主次分明的等级序列，一个征服与受动的关系结构，上述"弱国子民"心态大概源自这种不平衡的结构关系。

这个"弱国子民"心态，使留学生具有精神外伤特征的文化心理，在归国后又容易转变为胡适所谓仿佛"外国传教士"的情结，即以国外的新思想、新学说固执地于本国宣讲并促其内部改革的"一种批判的精神"。（《胡适日记全编》第2册"1915年3月22日"项，安徽教育出版社2001年版）"批判精神"固然是宝贵的思想态度，但"固执"已见到不可通融，就会演变成"教条主义"而与本土文化发生冲突。因此，也就有了现代中国两个伟大的人——鲁迅与毛泽东对留学生身份的否定性定位。《阿Q正传》中那个极具讽刺批判意味的"假洋鬼子"，成为有留学背景或与外国关联的一类中国人的不光彩代名词；毛泽东在革命大获全胜之际所作《唯心历史观的破产》（1949），则把"假洋鬼子"视为西方资产阶级在东方的代理，将其最终定义为"买办"和"洋奴"。本来，中国人出国留学的目的在于输入新知而为中国"造一新文明"。然而，由于西方文化的强势存在造成了与本土文化的激烈撞击，于是百年来在中国社会特别是思想文化领域上演了一场场"外来与本土"的冲突剧。作为搬运"外来"文化于本土的留学生，也便处在一个尴尬的位置。

如果我们再来检点叙述欧美留学历史的书籍，例如叶隽的《异文化博弈：中国现代留欧学人与西学东渐》、史黛西·比勒的《中国留美学生史》和叶维丽的《为中国寻找现代之路：中国留学生在美国（1900—1927）》等著作，虽然其中鲜见留日运动群体那样激烈曲折的精神冲突，但也一样反映出留学人员在东西方文明冲突和文化汇通中的上下求索，乃至于外来和本土、现代与传统、理智与情感上的种种矛盾。我以为，这些冲突与矛盾归根结底就在于百年中国留学史是以"运动"的方式出现，受到过剩的政治化和泛国民化倾向的裹挟而始终没有走出"求法"的模式，结果正常的平心静气的文化交往和基于个人志趣的云游四方，这样一种留学态势始终没有酝酿成型。而早期的国家积贫积弱和教育制度的不尽如人意，为留学运动的形成起到推波助澜的作用。反过来，此起彼伏的留学运动又不断牵制着本土教育制度的主体性建设。

"弟子国"的反向传道及其问题

在回顾百年中国留学史的时候，这种"求法"模式又与西方列强在"文明使命"驱动下的"传道"构成对抗关系，于是形成另外一种精神现象——"弟子国"反向传道的文化保守主义。有压迫自然就有反抗，西方强势文化的"西力东渐"，特别是以殖民和侵略方式推行的文明传播，必然造成威逼与抗辩的二元结构，从而在被动一方产生极力维护东方传统文明且以此来对抗西方现代文化的群体。当然，这个群体的规模和势力无法与留学运动中的"求法"主流相比，但也形成了自身的谱系。比如，我们立刻会想到"一战"前后的辜鸿铭和20世纪30年代的林语堂，乃至抗战时期的胡适等。作为中国留学运动的一个衍生现象，"求法与传道"构成了关联闭合而互为表里的结构模式。这里我仅以辜鸿铭为例，谈一谈其背后问题的所在。

辜鸿铭（1857—1928），福建同安人，出生于马来西亚槟榔屿。早年曾留学欧洲达十余年之久，并获得英国爱丁堡大学文学硕士学位，可谓中国人留学海外的先驱之一。第一次世界大战如火如荼之际，他出版《中国人的精神》（1915）一书，在批评德国军国主义的同时，试图用中国的儒教拯救西方文明的毁灭。辜鸿铭认为，"一战"的根源"就在于大不列颠的群氓崇拜（worship of the mob）和德意志的强权崇拜（worship of the might）"，而要制止这样的倾向需要提倡义礼。中国的四书五经——孔子为拯救中华民族而设计的文明蓝图是义礼并重的"良民宗教"。他相信，"对于欧洲人民，特别是那些正处于战争灾难之中的欧洲人，那些不光要制止这场战争而且要挽救欧洲文明乃至世界文明的欧洲人来说，良民宗教将是一种使其受益无穷的宗教。不仅如此，他们还会发现这种新宗教就在中国——在中国的文明中。"（《中国人的精神》）

辜鸿铭对西方的强权政治与霸道文化以及汉学家妄自尊大的中国观察，始终保持一种"抗辩"的态度，并不余遗力地向他们"传道"中国文明的精神大要。但是，他所用以"抗辩"的是近代以来已然走向衰退的儒家文化，特别是其中的道德礼仪和君臣思想，这与五四新文化的方向背道而驰，故显示出陈腐保守的倾向。甚至，这种文化保守倾向促使晚年的辜鸿铭将中国文明的复兴寄托于日本。例如，他在讲学日本期间所作的《中国文明的复兴与日本》（1924）中称："如果日本只是为了保持本国以及从中国继承的民族精神而采用西方现代文明的利器，那么，不仅不会使日本西化，而且能够防止中国西化，并最终依靠日本的努力将明治以前日本保存着的纯正的中国古代文明带回给今日的中国。这是历史赋予日本的使命。"（黄兴涛编《中国近代思想家文库·辜鸿铭卷》，中国人民大学出版社2015年版）结果，这一观点被日本日后侵略亚洲而宣扬"大东亚文化建设"时所利用。

学者黄兴涛认为，辜鸿铭"是一个通晓古今多种语言、能用欧洲语文熟练表达思想情感、真正具有跨民族的国际文化视野和思想资源、其思想也真正产生过国际影响的中国思想家"，同时也是"一个热爱祖国，醉心儒家文化、勇于维护国家主权和民族文化尊严的思想家"。当辜鸿铭面对西方传教士和汉学家的傲慢无礼时，"奋起进行文野之辨，乃至鼓吹中国文化救西论"，其文化保守主义归根结底在于政治上的爱国主义动机。(《辜鸿铭卷·导言》)然而,我们在重估辜鸿铭之际也必须指出,这样一种抗辩式的反向传道依然是在文明与野蛮的二元对立结构中,与所抗辩的对方在逻辑上一致,最后都难逃民族文化自我中心论的藩篱。这种抗辩,在弱势一方自然具有反抗的正当性,但如果自己也变得强盛起来,其对抗逻辑和文化心态就可能走向反面的极端。

为了说明这种情况,我们不妨以同为东亚国家的日本为例,以观察反向"传道"的问题所在。自明治维新后,日本也曾出现一个由冈仓天心、内村鉴三、新渡户稻造等构成的以英文著作向西方宣讲东方文明的谱系。但是到了大正时代,特别是日本经过"一战"成为咄咄逼人的新兴帝国主义国家之后,正如东京帝国大学教授盐谷温那样以东方"王道"对抗西方"霸道"的文明论,就成为又一种维护帝国主义意识形态的宣传。盐谷温出身日本汉学世家,东京帝国大学汉学科毕业后成为母校"支那文学讲座"的最早教师,为开创日本的中国文学研究及教学事业贡献卓著。因其代表作《支那文学概论讲话》的学术成就以及此书与鲁迅《中国小说史略》的关系,盐谷温的名字在中国学界略为人知。他早年也曾留学德国和辛亥革命前后的中国。然而"九一八"事变前后,他逐渐变成日本帝国忠君爱国之儒教意识形态的信奉者,以及以所谓的孔孟"王道思想"实现"亚洲统一与世界和平"的鼓吹者。1932年,盐谷温受日本政府派遣考察欧美半年,其后出版的游记《王道始于东方》(1934)则典型地反映出这种反向"传道"的问题所在。

《王道始于东方》由"亚细亚卷""欧罗巴卷"和"亚美利加卷"三部曲构成。正如"亚细亚卷"开篇所示,与二十年前留学欧洲不同,如今自己已是日本"东洋学"卓有成就的教授,游历的目的不在于学习西方,而是要传播东洋政教的精髓——"王道思想",以贡献于"世界和平"。与近代日本早期留学西方多为"求法"之旅不同,这是一次向西方宣讲东洋道德的"传道"之行。于是,我们看到,盐谷温每到欧洲的某地都要会见各国政要和外交官,以宣传日本"国体精神"和"王道思想"的要义。当来到西方物质文明的心脏——纽约时,映入其眼帘的则是一片表面繁华、背后衰败的景象。例如,豪华酒店已客人寥寥,横跨大陆的列车上乘客稀少,市区充斥着失业人群。盐谷温在《王道始于东方》的最后宣告:"观从飞机上拍摄的照片,纽约市俨然已是一片废墟。"盐谷温认为,"这种暗黑的景象乃是欧美推崇物质文明而轻视精神文化的结果,个人主义利益至上导致了意大利和德国的法西斯主义崇尚力量的'霸道',至于俄国的共产主义更是将传统道德伦理摧毁殆尽,能够拯救这病态疲惫之世界的唯有东洋的'王道'"。

然而,这所谓以"王道"统一亚洲和世界的妄想,不也正是日本帝国主义殖民亚洲的拙劣意识形态说教吗?盐谷温以亚洲人的身份去西方"传道"的言行,最终成为游学精神史上的负面例证。

超越"求法与传道"模式而追求世界精神

在胡适提出"留学当以不留学为目的"的近百年之后,学者甘阳又重提此议题。他认为:"从兴趣和问学出发的留学永远都会有,而且会越来越多,即使将来中国的大学都达到了一流水平。但是留学运动应该结束了,即以洋科举的留学心态导致的蜂拥而上的运动。"(《华人大学理念九十年》)甘阳是从当今中国高校改革的问题角度展开论述的,而我认为如果从百年留学精神史的层面进一步思考,则更有必要转变留学运动背后那个"求法"与"传道"的思维模式。因为依靠文明冲突论或者文化抗争式的二元思维,无法真正构筑起世界各民族平等相处的文化互通的目标。

我注意到,实际上日本与中国这两个东亚曾经的留学生输出大国,近些年来在对待留学问题上也出现了新的迹象。一方面,自20世纪90年代以来,日本青年学子留学海外的欲望逐渐下降,他们更愿意"宅"在国内。因为日本的社会稳定、经济发达以及对外交流的多样化,已经使得青年们基本可以不出家门地纵观天下,"求法"西方的留学模式渐渐失去吸引力。另外,日本本国的教育和学术的发达精进,使东西方的不平衡状态趋于消失。

另一方面，21世纪以来的中国学子留学外海的目的意识也在不断变化。当年"师法日本""学习英美"或"俄国为师"的宏大政治目标，已不再是中国学生的主要留学目的。更多的人是出于文化趣味和学术技艺的因素而选择留学。这是否意味着，我们即将走出百年"求法与传道"的留学运动模式，真正迎来中外文化平等交流的新时代？我相信，随着中国社会经济的发展和文化自信的稳步提高，超越"求法与传道"模式的新型留学方式，也一定会在不远的将来形成。

为此，我们要进一步改善以往将过度政治化、泛国民化的留学运动为稳健的留学制度的安排。这个制度重在培养了解内外事物而能够从事文化汇通、具备文化主体创造能力的国际性人才。与此同时，将来有留学愿望的每个个体也应当思考：在出于个人兴趣和文化交流的留学目标之上，是否还应该寻求更为高远的理念？或者说，我们究竟期待一种怎样的更为完善和理想的留学愿景？

在此，我想援引香港中文大学原校长金耀基在谈论大学理念时提到的"世界精神"。金耀基认为，欧洲"中古大学最值得一提的是它的世界精神、超国界的性格。14世纪欧洲在学问上有其统一性，它有一共通的语言（拉丁语）、共同的宗教（基督教），教师和学生可以自由地云游四方，从勃隆那到巴黎，从巴黎到牛津……。中古大学的'世界精神'后来因拉丁语的死亡、宗教的分裂而解体，直到19世纪末才又渐渐得到复苏，至20世纪则蔚为风气。现代大学的'超国界'性格的基础则不在共同的语言或宗教，而在科学的思想，而在共认的知识性格"。金耀基强调，"天下一家的真正境界尚渺远难期，但大学之世界精神却是一座无远弗届的桥梁。通过这座桥梁，学术得以彼此沟通，文化得以相互欣赏，学人与学人之间更得以增进了解和互重。"（金耀基：《大学之理念（增订版）》，生活·读书·新知三联书店2008年版）

我想，这个理想大学的美好愿景，同时也可以作为未来留学更为高远的境界。我们留学所追求的不再是文明的对抗或过剩的外在使命，而是回归留学本身，基于共同的科学思想和知识欲求去探索未知的世界，在丰富自己的同时繁荣民族文化和世界文明。这样，百年来中国人留学精神史上的种种矛盾心理和精神冲突也才能得以终结。

2019年2月

（原题为《走出求法与传道的留学怪圈——中国百年留学现象的反思》，载《探索与争鸣》2019年第4期）

社会的新陈代谢与词语的推陈出新
——读金理《文学史视野中的现代名教批判》

"名词"崇拜涉及现代意识的核心危机

"现代名教"是思想史和文学史上非常复杂缠绕的问题,"名教"崇拜现象如此普遍存在于我们的社会思想和语言生活中,以至于习焉不察而忘记对其加以警惕和批判。金理的新著《文学史视野中的现代名教批判——以章太炎、鲁迅与胡风为中心》(广西师范大学出版社2019年版)能从绵密的个案分析上升到整体的综合观察,直抵问题本身而展开强有力的思想剖析,通过深度开掘从章太炎到鲁迅、胡风这一脉横跨20世纪的"名教"批判传统,强有力地凸显出形式化教条化的名词、概念、标语、口号乃至思潮和主义的泛滥及其危害新鲜"实感"和思想活力的情形,实在是一大学术贡献。

按照金理的解释,所谓"现代名教"是指当今社会与文化建设中充斥着的失去"实感"的名词口号满天飞现象,或者一些人立"名"为教,唯"名"是举的思维定式。我以为,"名教"崇拜产生的根源大概涉及三个层面。第一，语言学层面的话语与实践即能指与所指、表现与被表现的乖离。第二，知识论层面的普遍观念和实际生活因科学知识绝对化所造成的乖离，即概念与实感的分裂。第三，哲学层面的主体与对象、感官常识与理论概括的乖离，即海德格尔所谓知识对"知"的替代而忘记了本真的存在。由此看来，"名教"崇拜绝非仅仅是文学和思想史上的问题，"名教"批判的意义也绝不仅仅局限于话语实践和对主客体关系的认识。名词概念标语口号的泛滥、思想教条化形式化的盛行，反映了人们的表意系统跟不上社会的新陈代谢，或者反之词语概念远远超越实际社会之外，两者严重脱节而出现存在和词语表达的"两层皮"现象，由此造成的弊害使思想无以凝聚成引导社会良性发展的力量。

此事关涉 20 世纪现代性运动及其意识形态的核心，也是 21 世纪当下需要解决的重要问题之一。一方面，20 世纪是启蒙理性、科学思想和主体哲学形而上学化泛滥的时代，因此而有作为其反动的后现代主义解构运动的发生。另一方面，源自启蒙运动和工业革命的现代性发展，是一个不断要求革新和扩张的运动过程。这反映在 19 世纪后期以来资本挣脱民族区域的羁绊而扩张到全球，同时造成了 20 世纪世界各地反抗资本和帝国主义的社会革命与民族解放疾风暴雨般的发展态势，而急切的社会改造运动乃至压迫与被压迫民族整体对抗的战争爆发等，造成了思想主义被简化——名词概念标语口号的盛行。

就中国的情形而言，20世纪乃是一个除旧布新、文明再造的大时代。外来新思想、新文化、新名词波涛汹涌，但多数未曾沉潜到实际的生活世界，很容易出现名不副实的思潮主义、标语口号泛滥的倾向。这种倾向不仅反映在文学思想层面，而且体现在社会观念乃至政治斗争的场景之中。正如金理在其著作中所指出的那样，"名教"问题乃是"20世纪中国现代意识的核心危机"。因此，我们有必要做进一步深入的思考。实际上，回望和反思20世纪的"名教"崇拜现象，也是为了思考当今依然存在的各种名词口号束缚思想、概念标语异化人心的问题。以下，我将就如何扩展"名教批判"研究，怎样理解社会新陈代谢和词语推陈出新的关系以激发思想学术活力而冲破"语言的牢笼"问题等，略述自己的一些不成熟思考。

自由主义一脉的"名教"批判值得关注

金理的著作以鲜明的问题意识为导向，努力揭示20世纪中国文学以及思想史上排斥"名教"的"否定性思维"和"悖论性思考"的发展路径，以鲁迅等这一脉"破名者"对形形色色的空洞形式、抽象名称的反抗实践来架构全书，为读者了解"名教"危害和如何走出其危机，呈现了一份贵重的可供参照的思想遗产。特别是在从三位思想家、文学家的具体实践中提取有效经验并析出关键性的单位概念方面相当成功。例如，章太炎的"依自不依他""自贵其心""生命亲证"；鲁迅的"伪士当存""独具我见""自己也燃烧在里面"；胡风的"主客观化合""置身性""透进内部"，等等。这些均表明，文学的"实感"乃是反抗现代"名教"崇拜的有效途径之一。

但是，我们对20世纪中国自由主义一脉的"名教"批判功绩似乎关注不够。当然，胡适作为最早的倡导者之一，其思考在金理著作的开篇部分和附录中已有深入的阐发，特别是对胡适所担心的任何"根本解决"的方案都会导致武断和僵化，也表现出了相当的"了解之同情"。我的意思是，如果将20世纪20年代的胡适乃至20世纪30年代周作人等作为一个自由主义思想群体而不是单个思想家，考察他们对"名教"，特别是对左翼思想文化领域的教条主义、公式化、概念化理论崇拜的批评，可能会加深我们对"名教"产生的根源及其危害的理解。因为，中国现代"名教"的产生归根结底源自人们要求社会改造和民族解放的急进欲望，也因此在革命思想和"左"翼文化传统中表现得尤为突出。而这个"左"翼传统作为中国现代性的传承影响至今，需要我们时时加以警惕和反思。后期鲁迅及其传人胡风作为左翼阵营的成员，他们从内部对教条主义、公式化概念化理论崇拜的批判，当然极有思想穿透力。自由主义群体对党派的思想背后的一元论进步史观的批判，则亦有非常理智和现实性的意味，正所谓旁观者清。实际上，胡适作为最有力的倡导者之一，周作人作为同出章太炎门下而与后期鲁迅道路分殊的代表，他们对现代"名教"问题都有极丰富的论述。这里，仅以周作人为例略加展开。

1934年，年轻的左翼批评家胡风在驳论自由主义的《林语堂论》（1934）中，提出"蔼理斯的时代已经过去了，末世的我们已经发现不出来逃避了现实又对现实有积极作用的道路"的问题。这引起英国性心理学家蔼理斯的崇拜者周作人的注意，并立刻作《蔼理斯的时代》（1935）与之论争。实际上，这场不大不小的论争乃是当时新兴的左翼思想界与自由主义阵营的一次交锋。周作人在回应胡风的批评时，从更深层的历史观方面指出了左翼进步史观的一元化和宗教化倾向。他说："现在所有的是教徒般的热诚，天天看着日出于东而没于西，却总期望明天是北极的一个长昼……大家都喜欢谈'前夜'，正如基督降诞节的夜似的，或者以古雅语称之曰子夜。这是一个很神秘的夜，但是这在少信的人也是不容易领解的。蔼理斯只看见夜变成晨光，晨光变成夜，世事长此转变，不是轮回，却也不见得就是天国近了。"（《苦茶随笔》，河北教育出版社2002年版）

胡风在反批评的《"蔼理斯的时代"问题》（1935）一文中，亦从社会发展史观出发反驳周作人的自由主义立场："不是性的关系规定了社会人生，相反地，每一种关于性的迷信或道德成见都是特定的社会制度底反映。所以，离开了社会的土台，只是由'性心理研究'了解人生的态度，结果把人从社会的存在还原为自然的存在，那所谓人生态度到底是怎样的东西就很难索解。"（《胡风评论集》，人民文学出版社1984年版）这场论争实质上反映了现代的进步史观与传统的流动史观的对立。按照德国思想家洛维特的说法，古往今来的历史叙述不外乎两种方法和原则，即古希腊的循环流动历史和犹太—基督教的救赎历史。而近代以来包括马克思、黑格尔，乃至伏尔泰、维科等的进步史观，终究不过是"救赎历史"的翻版而已。这种统一的、有开端和终结的历史叙述，比如全部历史就是阶级斗争的历史，资产阶级和无产阶级两大阵营的对抗乃至自然王国向必然王国的转化，正对应着"最后的历史时期中基督教徒和反基督教徒之间决战的信仰"，这种历史程序最终只能成为救赎历史的普遍图式，"充满了一种末世论的信仰"而无法"以纯粹经验的方式得到证明"。（洛维特：《世界历史与救赎历史》，商务印书馆2017年版）

周作人对于进步史观乃至其教义化倾向的批评，可以说是从根本的思想层面揭示了中国早期左翼文化中的"名教"崇拜根源，即相信世界历史的一元化发展图式，并以此解释所有现实问题，结果陷入理论空泛化和观念崇信的境地。实际上，周作人一生曾不断揭露"名教"

崇拜的种种弊害，这已成为其始终一贯的思想主线之一。例如20世纪20年代，对反基督教大同盟要求统一信仰的不满，对大革命时期口号盛行标语满天飞现象的嘲讽，对八股、策论、试贴式思想文章的反感。20世纪30年代，一方面警惕"左"翼文化假借"大众"而压抑个人，对某些革命文学以名词口号做宣传表示不信；另一方面反思"五四"以来的西方知识膜拜，尝试用"人情物理"代替科学理性，以"凡人常识"取代居高临下的体系化知识霸权，等等。周作人在对种种形骸化、教条化的假道学——传统"名教"压迫自然人欲和现代"名教"空悬终极解放幻想（黄金世界）进行不断批评的同时，又以"诚与不诚"为评判思想文章的标准排斥说假话、言不及物和思想拟态。这种对思想一元论历史观、虚幻宗教信条的反抗，可以视为与鲁迅同出于乃师章太炎"破名者"的思想谱系。正如反对"名教"而坚持实用主义是胡适的代表性思想态度一样，批判假道学和思想教条化也是周作人一生的基本立场。当然，中国自由主义知识分子固守渐进改良的立场，于革命有一种先验性的恐惧心理，对左翼文学思想缺乏"了解之同情"，也是他们的问题所在。

现代"名教"大致盛行于社会的两个层面。一个是普通民众层面，出于惰性、盲从和自私牟利目的，属于社会浅层次的名词崇拜；另一个是知识精英层面，源自对规律、原理、普遍性的形而上学崇信，实际上是缺乏

"实感"体验和辩证法思维的结果。这后一类的"名教"崇拜更为根本、顽固,思想危害也更大。中国左翼思想界在早期对唯物史观的庸俗社会学解释,尤为突出地表现了思想教条化和理论崇拜的倾向。其产生,也与马克思主义的总体性理论特征有关。辩证法,则是其中的关键。在西方,辩证法首先是与形式逻辑即形而上学逻格斯相抗争过程中诞生的思想方法。由于中国缺乏作为对抗面的形式逻辑传统,在马克思主义传入的早期,人们不易把握辩证法的灵魂。尽管后来中国共产党人在与共产国际教条主义对抗中形成了马克思主义中国化的思想,可谓把握到了辩证法的神髓,但当时所接受的马克思主义社会科学基本上是一些现成的理论结论,故容易走向概念化和教条主义。

如果说后期鲁迅和成熟后的胡风从左翼立场出发,以个体的文学性"实感"抵抗理论教条化的危机,作为左翼思想内部的实践具有特殊的意义,那么胡适、周作人等从自由主义另类传统出发,观察庸俗社会学化之理论带来的弊害,其对"名教"崇拜的批判则别有意义。

社会的新陈代谢与词语的推陈出新

金理在书中提到,新名词的流行始于晚清,而"主义"一词在"五四"前后盛行开来,到了北伐革命时,政治标语口号则达到泛滥程度。由此，"名教"崇拜现象开始成为社会思想问题。如果我们把眼界扩展到整个20世纪中国社会变迁和语词流行的演进过程，则可以看到新旧名词概念、主义理论的此消彼长似乎也大有规律可循，其中社会的新陈代谢要求观念词语的推陈出新，乃是根本的制约因素。

例如，晚清特别是中日甲午战争前后，以"文明论"为中心形成的新概念、新词语开始流行；五四运动至20世纪30年代，有"文化"和"主义"乃至"社会科学"概念盖过"文明论"成为新潮；到了抗战和社会主义改造阶段，与战争和"政治动员"相关的新概念新词语不断涌现；"文革"中极端政治化的标语口号泛滥成灾；新时期以来在"真理标准讨论"和"文化热"推动下，则有西方主要是20世纪的理论、概念、主义被全方位引进，直至今日。实际上，有些新名词、新概念一开始往往带有新鲜"实感"和思想力量，所以能够敏锐地抓住人心。例如，晚清的"进化天演""优胜劣汰""民族国家""人种文明""无政府主义""世界主义"等；"五四"时期的"政治""经济""文化""社会主义""民族独立""劳工神圣"等；20世纪30年代的"社会科学""唯物史观""人民大众""国际主义""阶级斗争"等；乃至战争和新中国建设时期的"民族解放""土地改革""大生产""思想改造"……

然而，现代性运动是一个不断要求革新和发展的过程，无论在科学技术方面，还是在思想文化领域。如果说，自然和生命的演变遵循一个循环往复的新陈代谢法则，那么，也可以将社会历史的发展比喻成一个新陈代谢的过程，而中国近代社会的变化尤其剧烈。史学家陈旭麓强调："和中国古代那种静态的、有很大凝固性的社会不同，中国近代是一个动态的、新陈代谢迅速的社会；和西方从中世纪到近代是通过自我更新机制来实现社会变革也不一样，中国近代社会的新陈代谢在很大程度上是由于接踵而来的外来冲击，又通过独特的社会机制由外来变为内在，推动民族冲突和阶级对抗，表现为一个又一个变革的浪头，迂回曲折地推陈出新。"（《中国近代社会的新陈代谢》，生活·读书·新知三联书店 2017 年版）

因此，时代的剧烈变动、社会的交替发展使原有的名词概念迅速失去活力而变成陈词滥调，固化为思想桎梏。从新概念、新名词的不断流行和被淘汰的情形来看，中国近现代大致是以二三十年为一个周期发生词语概念的交替更新。这正对应着近现代社会的阶段性交替发展过程。往往更新换代之际，也正是重建社会表意系统——词语概念的推陈出新之时。中国改革开放四十余年，既有的那套词语系统已然陈旧。如今我们不也正感受着被窒息在老套的概念语词的薄膜之内，新鲜活泼的感性和思考遭到压抑的情形吗？今日的中国，其社会和制度的变迁已经无法用既有的、空洞化的概念词语表达，必须从活生生的现实体验和本土语境的深层去寻找新的表意系统，以冲破旧有的语词牢笼。我们需要摆脱实感和经验被僵化词语所压抑的局面，开创词语概念推陈出新的新时代。这是我读金理著作所获得的重要启发。

最后，我还想补充一点感想。金理的著作强调，以文学的"实感"反抗"名教"崇拜具有特别的功效。这是独具慧眼的。一段时间以来，人们常常感到"文学的时代"已经终结。批评家柄谷行人在《日本现代文学的起源》中也曾指出，早在20世纪70年代后期的日本，"赋予文学以深刻意义的时代"已经过去。这种现代精英文学向大众娱乐文学的"转型"，在中国大概发生于20世纪90年代中期。但柄谷行人同时强调，"正是在这样的时刻，文学的存在根据受到质疑，同时文学也会展示出其固有的力量"。文学"固有的力量"究竟何指，以往我不甚明了。如今读到金理的著作仿佛有所醒悟，以"实感"破"名教"应该是文学"固有的力量"之一。这让我再次感到文学存在的意义。

重拾文学化感受生活世界的"实感"以突破当今思想文化的"名教"崇拜，十分重要。不过，也不能忘记文学化的"实感"有其限度，源自脚踏实地的"实感"还需要被进一步条理化、形式化，以达成明晰的境地和凝聚思想的力量。金理在著作中对此已有强调。我们反抗的是掏空"实感"的教条化、概念化、形而上学的思维本身，但感性与理性、主体与对象、思想与生活世界的有效对应依然必要,即个人内心感受唯有经过逻辑化才能形成思想,并发挥变革社会的实践力量。

2020 年 1 月

(原载《探索与争鸣》2020 年第 3 期)

后现代批评与知识左翼立场

一

20世纪90年代以来,中国的"后学"曾经热闹一时,对于欧美的后现代主义理论的移译也有了相当的规模。但是,真正将后现代的观念和方法论,特别是其批判的立场落实到本土社会历史深层的成果却寥寥无几。或者说,从本土的现实课题创生出来并与"外部"世界足以构成有效对话的后现代主义批评,还没有在中国被充分构建起来。同时,当下中国的种种社会问题,如财富分配、道德体系的建构等,这就同样要求新的知识左翼批判力量的产生,以构成有效的社会制衡。拙著《日本后现代与知识左翼》,主要讨论的是日本20世纪70年代以来后现代主义批评的发展脉络,以及20世纪90年代以后一些具有后现代思想背景的日本学者、知识人急速转向"左翼批判",从而形成"新生代知识左翼群体"等问题。其中,并没有直接涉及与中国的比较,但细心的读者在了解日本后现代主义批评之后,会自然想到中国的状况并获得相应的启发和反思。其实，我写作《日本后现代与知识左翼》的主要动力就在于通过对日本后现代批评的分析，为学界提供一个切近的参照。

《日本后现代与知识左翼》作为中国社会科学院重点课题科研项目成果，得到了包括文学研究所在内的有关方面的大力支持。与此同时，我对在书中登场亮相，被分析和考察的主要人物表示由衷的谢忱。他们不仅是我的研究对象，也是长年多有交往、得到诸多示教的师友。尤其是子安宣邦、柄谷行人、小森阳一等活跃于日本思想界第一线、发挥知识领袖作用的诸位先生。如果没有他们无私坦诚、推心置腹的交流沟通，并提供个人方面的宝贵资料信息，我很难以对话的姿态研读他们的著作并由此进入日本后现代主义批评的历史现场，更不用说顺利完成写作了。当然，因为是多有交往的良师益友，在观察和解读他们的学术实践及著作文本时，恐怕会通心灵的理解与褒扬会多于冷峻的分析与批评，而剖析和阐述的不当之处，则期待今后得到他们进一步的指点。

二

着手写作《日本后现代与知识左翼》一书，是在我留学回国不久的2004年前后，幸蒙生活·读书·新知三联书店不弃将其列入"三联·哈佛燕京学术丛书"，于

2007年正式出版。2017年,"三联书店"又决定推出此书的精装修订版,这实在让我感激不尽而喜出望外。因为,《日本后现代与知识左翼》于我个人学术上实在意义重大,不仅是我从中国研究转向日本研究的最初尝试,同时也是我努力跨越文学研究的疆域,采用思想史和社会实践相结合的视角,讨论异国当代文化思潮的尝试。其中,还凝聚了自己十年留学而体验日本当代思想的研究心血和难忘记忆。另外,近代以来中国的日本研究始终不尽人意而未能形成厚重的学术传统,总是赶不上日本那仿佛解剖台上从里到外洞穿观察对象般的高质量的中国研究。记得史学家陈垣的弟子回忆:援庵老师深以中国史学不发达为憾,常说日本史学家每寄一本新著作来,无异一炮打到自己的书桌上!我尝试转向日本研究,也是希望能为中国观察这个复杂错综的邻国,贡献一些微薄的力量。当然,我不知道这种尝试获得了多大的成功,但看《日本后现代与知识左翼》初版已经售罄的情况,说明还是得到了读书界的一些关注。这是对我的最大鼓励和鞭策,尤其是在当今谈论日本往往难以做到心平气和与客观的时刻。

我说这是鼓励和鞭策,决非虚言客套。拙著的不足或力有未逮之处,自己最是清楚。"日本后现代与知识左翼"这个议题,本身具有两方面的挑战性。一方面,日本从20世纪70年代以来的后现代主义思潮及其在90年代转向社会性的左翼批判,是一个与"二战"后西方批判理论息息相关、同时又具备日本自身东亚性的复杂问题。解读这些需要在世界范围内反思现代性的思想发展脉络下,结合日本的社会语境和观念意识的走向,加以综合的理论考察。这对作者的思辨能力和知识视野的拓展是一个巨大的挑战。另一方面,中国知识界对于战后日本思想文化的研究几乎处于空白的状态,因此我只能于尽可能的知识普及性介绍与分析的同时,做有限程度的理论探索,而无法更深入地进到观念层面乃至哲学思辨的高度。换言之,在中国还没有形成深入讨论日本当代思想的有效环境和场域。结果,这造成拙著倾力于日本当代思想状况的梳理介绍和个案分析,而无暇对具有东亚乃至世界普遍性的问题之讨论的窘境。

《日本后现代与知识左翼》修订之际,我本来可以对上述不足加以修改。然而,考虑到保持其学术的历史性,还是放弃了大规模修改的念头。不过,上面提到存在的力有未逮之处,则是期望自己能将此作为未来的学术工作目标,从而写出更为精彩的有关现代日本研究的著作。同时,也期待广大读者继续关注拙著,关注当下的日本乃至我们东亚所面临的共通性问题。

(收入《日本后现代与知识左翼》,"一""二"分别为生活·读书·新知三联书店2007年初版和2017年修订版"后记")

构筑中日间的东亚同时代史

一

《中日间的思想——以东亚同时代史为视角》一书，是我最近十年来学术成果的结集。自2007年出版《日本后现代与知识左翼》一书后，我的思考重心发生了大的转变，从单纯讨论日本当代问题转移到中日间的思想关联方面。渐渐地，形成了一个比较清晰的总体目标——努力构筑中日间的"东亚同时代史"。当然，由于专业和学养的关系，主要还是局限于两国近代以来的思想史，包括思潮、文化、学术和文学方面的关联。这期间，从思考灵感和方法论上给予我重要启发的有两位日本学者。一位是始终不渝地以日本人的观感和视角在广阔的亚洲现代史语境下通过文学来观察中国革命的木山英雄，另一位是同样从日本的位置出发在庞大的文献考证和实证分析基础上提出观察亚洲"思想连锁"方法的山室信一。

木山英雄著有《人歌人哭大旗前——毛泽东时代的旧体诗》一书，我曾做过介绍。作者在该书序言谈到研究早已被五四新文学边缘化了的当代中国旧体诗的原因，表达自己试图重新思考中国革命的同时代史意义。此书中还提到，"毛泽东的革命深深植根于亚洲的历史与现实之中"等。这与中国学者普遍在本国历史内部或者世界革命的大范畴里谈论20世纪中国的研究视角大不相同。我在阅读和后来翻译此书的过程中，渐渐对于"亚洲"或者缩小范围为"东亚同时代史"的观念意象有了比较清晰的印象。就是说，20世纪是一个非常特殊的年代。资本主义世界体系的形成、帝国主义征服战争与被压迫民族的反抗与社会革命，导致东亚各民族国家在不曾有过的程度上被紧密地捆绑在一起，成为矛盾抗争乃至休戚与共的利益攸关方。这段历史，也就成为你中有我、我中有你而缺少任何一方都无法叙述的历史。作为经历过战争年代又曾憧憬中国革命的日本学者，木山英雄在观察对象国家的思想文学时，自然会有一种虽身在其外而又感同身受的意识，并促使他时时注意作为"同时代史"的中国革命。认识到这一点，我大有醍醐灌顶、眼前一亮的感觉。我们不能只在东西方之间或者一国的内部谈论中国现代史，更不能因侵略战争导致的仇恨而忽视中日乃至东亚区域彼此纠缠在一起的种种复杂关联。在思考20世纪中国和中日关系问题的时候，我们同样需要这样一种"同时代史"的感受视角和关怀向度。

　　山室信一是京都大学人文科学研究所的教授。他长期致力于以日本为原点考察近代"亚洲"空间意识和同一性归属感在该区域内的形成和扩散，试图建立起一个有关亚洲叙述的思想史阐释架构。2001年出版的《作为思想课题的亚洲——基轴、连锁、投企》（岩波书店版），就是其多年研究成果的结晶。我当初接触此书并没有怎么深入地领会，后来在几次学术会议上直接倾听他的论述，才感觉到其研究思考的深入和重要性。正如他在该书序章所强调的：在20世纪，日本既是创造出"亚洲"的动因，在给予亚洲以巨大冲击的同时又被亚洲拒绝，日本与亚洲乃至世界是怎样被连接在一起的，这是他要探讨的基本课题。与木山英雄以中国文学为主要研究对象不同，山室信一的研究方向为日本政治思想史。然而，他们在拥有日本立场的同时又自觉到"亚洲"的存在，尤其关注这一区域空间之于思想史的意义。在这方面，二者是一样的。恐怕是日本特殊的近代境况（创造了"亚洲"同时又被亚洲拒绝），才造就了日本学者这样独特的思想敏感和知识背景。

山室信一的著作，其贡献除了体现于对大量丰富的有关"亚洲"叙述的思想史个案考察和实证分析，还体现于在此基础上所提出的三个概念或称为方法论视角：基轴、连锁、投企（project）。第一个方法论"思想基轴"是认识和感受作为一个整体之亚洲区域空间的基本概念。作者在书中选取了"文明与人种"和"文化与民族"这样两组词汇作为认识亚洲的基轴，由此把握日本人是如何认识亚洲并在此找到自身位置的。第二个方法论"思想连锁"则讨论了与现代民族国家的建构相伴而生的知识和制度，是怎样在亚洲循环往复的移动并由此形成有关区域社会的同一与差异的意识，进而推动各国各民族的国体及其知识的制度化的。第三个方法论"思想投企"即作为改变现状而投向未来的言行，主要是用以讨论作为日本的独创思想和国家战略（对外政策）的亚洲主义的实践过程，力图阐明日本如何在既有的区域社会制约中提出有关区域秩序的构想并深深介入其中的。山室信一以这三个方法论视角开展有关近代日本亚洲论述的概念、思想、话语实践分析，也便构成了全书的三个部分。

我理解，这里所谓的"思想基轴"相当于人们常说的概念史，即一个时代有一个时代的关键词或核心概念，这些词语、概念的组合建构和交叉扩散推动着人们认识自身与世界的思想观念的形成。19世纪后期以来，人们借以谈论民族国家归属和划定区域空间界线的，主要是文明、人种和文化、民族这样一些基本概念。而且，这两组概念分别又是可以相互阐发、彼此替换的。"文明与人种"常常联系着强调亚洲共通命运性并以此对抗欧美的思想主张；"文化与民族"则通过关注共通性中的差异而将不同民族国家等级化，从而实现对区域秩序的重构。因此，它们是讨论作为思想史的亚洲区域时必须被首先阐明的。所谓"思想投企"，如果按照作者"改变现状而投向未来的言行"这一解释，我们可以理解为一般而言的思想话语实践，也就是一种思想观念如何通过社会运动和制度安排而成为改造现实的行动。这当然也是思想史要处理的题中应有之义。

在我看来，山室信一的最大贡献还是在于"思想连锁"概念的提出，以及书中第二部分对于区域内部有关亚洲的思想如何彼此连接和交叉互动的精彩分析。这里，有几个要点值得注意。第一，"思想连锁"即把亚洲这一区域性的政治社会放到全球结构中，以观察其思想空间的位置，在一体化的世界中定位思想并关注其各种交涉的同时性。这将有助于我们把握区域空间意识和归属感得以形成的契机，同时发现"思想连锁"如何传递出这样一种逻辑：身处现代世界体系中必须谋求国家独立以免受被殖民被征服的命运。第二，日本是亚洲与西方"连锁"的一个环节链。山室信一认为，近代以来"日本的冲击"对亚洲的影响远比"西方的冲击"强烈，而这种"冲击"也并非单方面的，其中包含了日本与亚洲内部各政治社会（民族国家）的彼此冲击、反抗和相互反作用。例如，日本在成为"环节链"之前，曾受到《海国图志》和《万国公法》的强烈冲击，那时形成了以晚清中国为"环节链"的思想连锁。又比如，日本的亚洲主义曾经是唤起本地区各国民族意识和区域共同体想象的催化剂，同时因其后来的帝国主义殖民扩张性，而遭到亚洲各国的拒绝，其中同时包含了思想的连锁与中断。第三，透过思想连锁的方法论视角还要有意识地去发现那些"失掉的环节",即原本存在而未能发挥其连锁功能的思想。通过这些环节的发现,将进一步加深对拥有不同传统的政治社会的特性、深层意识和思维方式等的理解。

二

"思想连锁"既可以指示某种状态——亚洲区域内的近代思想原本是彼此联通而相互间构成网络状态的,更意味着思想史研究的一种方法——有意识地去连接被一民族的国史所遮蔽了的各种思想,包括未能发挥连锁功能的那些"失掉的环节"。这样一来,这种全新的亚洲区域史同时也是国与国之间的关系史——东亚同时代史,就可以得到强有力的呈现。它超越以往常见的单一民族的国史叙述,展现出一个广阔的区域动态历史的新天地。而在我,通过接触山室信一的著作以及那来自木山英雄的有关"东亚同时代史"的观念意象,也渐渐有了清晰的轮廓和可操作的方法论途径。十年来,我穿梭于中日两国近现代的"思想场"之中,正是要寻找一个个"思想连锁"的环节链以及"失掉的环节"。虽然成就并不那么丰硕,但一些属于两国所共有的、原本相互关联着的思想问题逐渐浮出水面。我在努力追踪其彼此"连锁"的来龙去脉的同时,尝试从亚洲的历史和现实出发去思考其思想史的意义。总而言之,我所注意到的是下面这样一些思想史中带有共通性的议题,它们集合起来构成了一个初具规模的"东亚同时代史"。

第一,在福泽谕吉倡导的文明观和脱亚论推动下形成于日本的"脱亚入欧"国家战略或曰现代化模式,从观念形成到思想话语实践曾为东亚三国所共有,而其中的历史必然性契机和隐含的问题如何在21世纪予以重新认识并努力加以破解,这是我在研究中试图从各种思想角度关注的核心问题。与此相关联的,还有福泽谕吉的"文明等级论"与19世纪西方的欧洲中心文化传播主义的关联,以及这种思想在东亚的传播与"连锁"过程。"近代的超克"论作为看似"脱亚入欧"的反题,实则是"一枚硬币之两面"的问题,也在这个"思想连锁"的系列里。文明与野蛮、西洋与东洋、现代与传统这样一些相互连接着的思想,始终激荡于20世纪东亚的思想世界之中。它们构成了理解东亚及其各国现代进程的思想史"基轴"。

第二,"亚洲主义"这一诞生于日本旨在谋求区域内各民族国家相互连带的区域主义思潮,怎样从早期朴素的"文化亚洲主义"转化成后来为殖民扩张意识形态服务的"政治亚洲主义",它在中国五四运动之前曾得到某种程度的响应而后来又被人们所抛弃,其中的原因何在。这里,通过考察亚洲主义的连锁和中断,我们得以看到同样在一个区域内部因为社会革命的历史条件和外来思想冲击的不同，如何形成了中日之间有关亚洲区域主义想象的差异。与此相关联的还有日本战后的亚洲经援外交，其成功从某种意义上意味着实现了"二战"前试图以军事方式获取的"大东亚共荣"目标，这其中隐含着怎样"历史的狡黠"或建设性的含义？与此同时，中国在"二战"后曾经出现第三世界乃至亚洲社会主义的构想，这里是否存在着基于亚洲历史和文化的某种"思想连锁"？这些都是我在研究中不断追问的课题。历史中的那个亚洲主义在今天已经不复存在，但人们谋求"东亚命运共同体"的意识和愿景依然没有消失，尤其是在看到欧洲实现联盟的时候。那么，我们如何从思想的历史中汲取经验和教训，重构一个没有文明等级化、压迫与宰制的新亚洲主义？这是我关注此问题并寻找思想史之借鉴的目的所在。

第三，包括"二战"前"东洋学/支那学"和"二战"后中国学研究在内的日本近代有关中国的知识生产，一百多年间取得了举世瞩目的辉煌成就。这样一种制度化的知识生产，在东亚区域内或中日两国之间，发挥了巨大的认识他者而照见自身的"思想连锁"功能。然而，相较于日本中国学的卓越成就，中国的日本研究却始终贫瘠薄弱。这种非对称性或者中国在认识他者之知识生产中的缺席，原因何在？我们应该怎样认识日本的中国学背后的政治动力所在，如何在对"二战"前日本的"东洋学/支那学"所带有的帝国主义殖民学色彩进行有效解构之后,重新评价其在文化交流和"思想连锁"中的价值。对于这些纷繁复杂的问题,我在《中日间的思想——以东亚同时代史为视角》一书中以较大的篇幅展开讨论,目的在于从东亚同时代史视角去发现和建构可以真正实现知识"共享"和思想"连锁"的途径。

第四,随着资本主义世界化和帝国主义对全球的殖民征服,19世纪中叶以来的亚洲作为世界体系的一个组成部分,已经形成与此前汉字儒教文化圈截然不同的思想文化全方位交叉互动的区域空间。其中各民族国家间的思想连锁和文化交涉,早已是双向互通彼此冲击、对抗乃至融合的形态。山室信一称"日本的冲击"对于亚洲的影响远比"西方的冲击"来得强烈。我想这只是针对"二战"以前的情况而言的。实际上,20世纪20年代之后的中国大革命乃至1949年中华人民共和国的成立,从孙中山、鲁迅到毛泽东的民族革命和社会改造的思想与实践,都强烈地"冲击"了亚洲乃至世界,鲁迅则是思想相互连锁、文化彼此交涉的典型个案。他早年从日本留学中获得大量近代知识和思想,在后来参与革命及其文学写作中形成了代表中国革命总体特征的反抗精神和主体化的现代性品格。去世后,他作为被压迫民族的文化英雄又反过来强烈地影响了"二战"后的日本、韩国。作为最能显示东亚"思想连锁"之双向互动形态的个案,我在拙著中也做了比较多的考察。

三

《中日间的思想——以东亚同时代史为视角》在结构上分为上、下两编。上编以"日本与亚洲—中国的思想关联"为主要议题，下编则以"中国与亚洲—日本的互动交流"为讨论对象。这样一种结构安排，也是在努力实现中日间的"思想连锁"和东亚同时代史的构筑。其中的"亚洲"，既是作为思想传播之媒介的实体空间，也是作为方法论视角的想象空间。正如我们不能在一国内部讨论近现代历史一样，中日之间的思想史也难以只在两国之间叙述。因此，在追溯近代日本的中国学谱系时，我同时注意到日本人是在怎样的新亚洲观之下重新定义"中国"，又是如何借助中国的思想资源来思考亚洲的。此外，中日两国因同处于一个近现代亚洲思想的场域之中，思想的连锁和互动往往同时发生。我在拙著中有一章讨论20世纪30年代中日普罗文学的政治性与世界性，目的就在于试图摆脱以往比较文学研究中那个具有等级化色彩的影响比较研究方法，而重视其相互之间的"同时代性"。自20世纪60年代西方现代化理论出现以来，中国学术思想界不知从何时也开始形成了与西方比较，或者从西方乃至日本的"冲击"视角思考20世纪中国问题的思维定式。东亚同时代史的构筑，则是要改变这种思维定式，以还原20世纪亚洲历史的原生态。

东亚三国的20世纪史是紧密相连、密不可分的一段"共享的"历史。但是，由于知识和学养的关系，更因为朝鲜半岛的政治特殊性，它的很多方面还遮蔽在某种"铁幕"里面而难见其真面目。因此，我的东亚同时代史也只能是"中日间"的。关于朝鲜或者"二战"后的韩国，我只是在讨论"脱亚入欧"现代化模式、日本战后的亚洲经援外交和鲁迅在东亚传播过程的时候，浅尝辄止地有所涉及。这一方面，还有待深入的开掘。

在拙著的写作过程中，我还尝试引入全球史的视野以考察福泽谕吉文明论的发生、传播与"思想连锁"的世界背景。全球史创始人麦克尼尔认为，在人类历史上处于中心位置的是各种相互交往的网络，而推动这一网络形成的动力则在"合作与竞争"。人类早期的交往，主要是由瘟疫的流行和战争的发生导致的。我们已知，瘟疫在19世纪末随着城市下水道系统的治理和医疗制度的建立，基本得到了抑制，但战争包括革命则成为20世纪人类交往的主要推动力量。我甚至有一种感觉：比起人们物质交往极其发达而精神心理越发陌生化的21世纪，那充满战争与革命暴力的20世纪，反而使人们更紧密地联系在一起，有时甚至产生一种休戚与共的感觉。然而，战争特别是战争下的伦理观念和修辞方式的巨大改变，却远远没有得到应有的关注。这恐怕与单纯拘泥于战争的正义和非正义判断以及战争给文明带来的毁灭，而没有细致入微地去体察战争中人的内在体验有关。今天，我们需要在承认 20 世纪战争的帝国主义非正义性的同时，从战争揭开了全新的竞争与合作的人类交往形式这一角度入手，去体察其中的伦理冲突和隐微修辞。我在拙著中对于中日战争期间卓越的中国论者尾崎秀实的研究，就是在这方面的初步尝试。这其中，包含着东亚同时代史特别是"思想连锁"中的许多"失掉的环节"。这些"环节"的重新拾得，将进一步丰富东亚同时代史的内涵。

2017 年 8 月

（原载《读书》2017 年第 11 期）

历史化与语境化
——《活在日本的鲁迅》后记

回想起来，我追随周氏兄弟的足迹留学日本是在1990年，如今已经整整过去三十余年了。当初，我本计划的是到东京收集研究资料并向日本学者请益，亲身体验鲁迅、周作人曾经别求新声于"异域"的感受与意蕴。然而机缘巧合，我有幸考入一桥大学木山英雄先生门下攻读博士学位，毕业后又在东京多所大学兼职任教，不知不觉间十三年时光"飞渡"而去。结果，我的滞留日本的时间竟达到周氏兄弟两人"在日"时间的总和，这真是始料未及。这期间，我广泛结交了两个领域的日本学人。一是活跃在当代日本文学、思想论坛的批评家，如柄谷行人、子安宣邦、小森阳一等；另一则是日本的中国研究领域的著名学者。更为始料未及的是，这些令人尊敬的左翼批评家、向往中国革命的学者们后来居然成为我回国工作以来的学术研究对象。

如今想来，《活在日本的鲁迅》中出现的日本鲁迅研究领域的重要学人，除了竹内好那一代人无缘相见，大部分都是我曾经有幸晤面且多得教诲的师长。依然健在的导师木山英雄先生自不待言，丸山升先生、伊藤虎丸先生、丸尾常喜先生、代田智明先生……他们在我下笔写作的过程中，音容笑貌常常会突然浮现于眼前，不由得生出仿佛身在两个世界——现实世界和历史世界之感。实际上，这一代日本学人也确实在世纪之交已然成为历史的一部分了。也就是说，他们大都在20世纪后半叶投身鲁迅研究事业，甚至奉献出全部智慧和毕生精力。他们的成果，上承竹内好开创的业绩，下启新世纪的"后学"。毫不夸张地说，他们共同铸就"二战"后日本辉煌一时的鲁迅研究传统。虽然当时我没怎么意识到这一点。

我开始把他们作为研究对象，大概是在2011年鲁迅诞辰一百三十周年前夕。那时候，我仍然没有明确的历史化意识，只是就各位先生的著作做了一些读书笔记式的考察，希望把他们的研究成果介绍给国内的读书界。这就是《活在日本的鲁迅》的前身，收录于2011年出版的拙著《周氏兄弟与日本》上编的部分。记得《周氏兄弟与日本》出版后，我还撰写了一篇概论式的文章发表在《读书》杂志上，以纪念鲁迅诞辰一百三十周年。那篇小文的题目《活在日本的鲁迅》，也就成为现在这本书的书名。所谓"前身"，并非是要补充修订原版本，而是在加以全面改写和重构之际，再利用的一些半成品的材料而已。改写和重构的关键，就在于如何历史化，即不是单纯地考察他们每个人的成果，而是将其放在"二战"后日本乃至亚洲激烈变动的格局和思想语境之下，观察其鲁迅论的前后变动与内在联系，然后追寻作为一个学术传统的铸就过程，并挖掘其中对于今天的我们仍有参考价值的议题。

因此，我特意撰写了一个篇幅较长的"导论"，就战后日本思想论坛上的鲁迅论展开分析。这个思想论坛上的鲁迅论与学院里讲究客观中立性的纯学术研究不同，它直接面对社会舆论和专业以外的公众，其文化政治指向更加明确，也更具实践性。学院里的研究者，实际上与这个思想论坛共享同一个时代精神与问题指向。透过这样的分析，我试图把作为学术研究的鲁迅研究其背后的思想意图呈现出来。在此基础上，《活在日本的鲁迅》主体部分的第一章至第五章分别讨论了"二战"后日本几代学人和他们的代表性著作，并试图把每一个独立的研究放到更大的思想场域中，以窥视具有连续性的研究传统的形成及其演变路径。从总体的阐释架构上来说，我根据日本社会的转型而将其七十余年来的鲁迅研究分成两个部分，即直到20世纪70年代后期的战后民族与社会重建时期和20世纪80年代以来步入大众消费社会的时期。社会性质的转变决定了思想主题的变化，导致鲁迅研究的关注焦点也出现转移。不过需要指出的是，转移的是论述方式和视角。那个支撑"二战"后日本鲁迅研究的总体精神和问题意识始终一贯，即把中国革命及鲁迅文学作为内在于日本思想的他者，透过鲁迅来反思本民族乃至亚洲的现代史。我认为，这个总体精神和问题意识，正是"二战"后日本鲁迅研究得以形成传统和特色、其成就远远超过世界其他地区的原因所在。

历史化，也便意味着将分散的研究成果和不同的思想姿态"语境化"，并发现个别现象背后的内在联系和共通精神，从而达到总体性的俯瞰。具体而言，这还应该包括纵向的起源追溯和横向的并列比较。因此，纵向比较时，我对"二战"后日本鲁迅研究的开创者竹内好着墨较多，包括其鲁迅论的背景——昭和时代"政治与文学"论争的思想史语境及其延伸——对于日本近代史的批判反思乃至对战争的复杂认识。横向比较时，则在各章节中注意与中国鲁迅研究的情况对照，并在最后的第六章通过讨论《野草》研究的专题史而引入与英语国家研究成果的比较。我想，这样或许能够给日本七十余年来的鲁迅研究一个大致的历史定位。

历史化之外，《活在日本的鲁迅》的又一个意图在于从个别案例的研究构筑中日间的东亚同时代史。不久前，拙著《中日间的思想——以东亚同时代为视角》出版之际，我曾回顾自己十几年来的学术路径和心得而粗略地将其概括为：从双向互动、你来我往的事实关系出发，通过对种种历史个案的探寻和对失掉的历史环节之重拾，尝试构筑思想文化上的中日同时代史。20世纪因残酷的战争与革命，人类之间反而获得了未曾有过的或休戚与共，或你死我活的紧密关联，而在思想文化上的相互影响与彼此互动，其深入程度也为历史上所罕见。我们能否突破传统比较文学研究中具有"等级化"色彩的比较方法，改变单纯从"西方的冲击"或者"日本的冲击"这样的视角观察中国及中日关系史的偏颇，把"同时代性"作为思考的核心，关注双向的影响和彼此的渗透，这也将成为同时代史建构的关键。沿着这样的思路，我将《活在日本的鲁迅》的论述对象置于以下阐释架构中，即中国革命强烈"冲击"着"二战"后日本，正如明治维新极大地影响到20世纪初中国乃至亚洲的现代化改革一样，鲁迅因此成为日本知识分子思考本民族现实问题的思想资源。另外，其研究成果在世纪末又传到中国而成为中国学界鲁迅认识的参照。我希望把"二战"后日本鲁迅研究作为20世纪中日思想文化相互交流的典型个案来分析，使其成为"中日间的东亚同时代史"的一个组成部分。

有关"中日间的东亚同时代史"构想，我在《中日间的思想——以东亚同时代史为视角》的后记中曾粗略地做过说明。在写作《活在日本的鲁迅》的过程中，我受到新材料的启发又有了一些新的认识。例如，在讨论作家中野重治的鲁迅论之际，我注意到他早在中日战争爆发前夕已经意识到这种"同时代性"。他在作于1937年的《一分为二的中国及其他》（1937）一文中强调：20世纪30年代是中日普罗文学联手实现飞跃性发展的时期，正是在此时期，鲁迅的作品被翻译到日本。我们需要从中国近代史，特别是中日无产阶级文学共同发展的角度，认识鲁迅的价值并理解当时的中国。其在"二战"

后所作的《某一侧面》（1956）中则进一步意识到：逼使鲁迅走向革命和文学的直接推手是对中国实行帝国主义侵略的日本，日本人有对鲁迅做出自己的价值判断的义务，思考和研究鲁迅的同时也便是对日本帝国主义加深认识的过程。作为日本无产阶级文学的代表性作家，中野重治提示了一个从世界社会主义革命的角度认识中日"同时代性"的视角，而实际上20世纪的"红色三十年代"也正是超越民族国家藩篱、实现被压迫阶级联手合作的伟大历史一幕。

到了20世纪70年代，关心鲁迅和中国革命的日本知识分子对此有了更加明确的认识。例如，纪念鲁迅逝世四十周年的时候，竹内好在与桥川文三的对谈《革命与文学》（1976）中，就直接提出了中日"20世纪30年代文学的世界同时代性"概念："所谓30年代是在20年代全面现代化了的中国文学基础上，以无产阶级文学为媒介而获得世界同时代性的时期，在这一点上又与日本有着密切的关系。"20世纪30年代中日之间出现了文学上的同时代性，可是战争导致后来两国文学分道扬镳。对此，桥川文三回应说，如果日本人能够了解邻国的同时代人与自己有着相同的生存方式、用同样的方法和武器挑战同样的问题，那么就能加深对鲁迅的理解。可以说，到此日本学人对"同时代性"和"同时代人"的观念都有了清晰的表述。我想，"二战"后日本知识分子能够达到对鲁迅的深刻理解，这与战前就曾出现的"同时代性"

认识大有关系。因此，尽管他们将鲁迅视为外国文学作家，但更当作解决本国、本民族课题的重要资源而对其实现了深度的思想开掘。

我由此进而想到，与中野重治同时代的中国文人知识精英，实际上也有过这种相似的"同时代"感受。例如，周氏兄弟。在中日开战前夕，鲁迅应日本《改造》杂志之约作《我要骗人》（1936）一文就直言："写着这样的文章，也不是怎么舒服的心地，要说的话多得很，但要等候'中日亲善'更加增进的时光。"这表达了他对当时中日两国国家关系的极度悲观。与此同时，他又明确意识到，"可悲的是我们不能相互忘却"，如庄子那样"相忘于江湖"！毕竟是身处20世纪这个大时代的邻国同士，虽然当时战争已经到了一触即发的边缘。周作人则在《怀东京》（1936）中称：自己妄谈日本文化"并非知彼知己求制胜，只是有感于阳明之言，'吾与尔犹彼也'……"也就是说，兵家所言的"知彼知己"不是目的，王阳明那种对毙命路旁的陌生人都能感到同为人类而悲悯的态度，才是他看待中日文化关系的根本立场。因此，他要追寻同为亚洲、同为"东洋人的悲哀"！在历史上中日关系的至暗时刻，周氏兄弟看似相反、实则相近的悲天悯人式的对待中日关系的表达，尽管没有采用"同时代"这一词语，也没有从中野重治的无产阶级文学同时代性的角度出发，但同样感到了中日两国彼此并非"路人"，敌对关系中亦有"不能相互忘却"的东西在。我理解，这也是一种源自"同时代"的感受。

因此，当讨论20世纪中日间的文化思想关联时，这样一种同时代认识应该是必要的思考前提和基础。我们可以把中日两国的思想文化问题放在同一个东亚现代历史进程中，不仅要关注两国之间的矛盾抗争甚至战争仇恨等"历史的断裂"方面，也要看到更复杂的"你中有我、我中有你"的彼此关联。总之，一旦人们突破了以往"国史"的固定疆界和本民族中心的思想牢笼，就会出现崭新的区域视野。20世纪后半叶以来，包括冷战和全球化的七十余年时间里，日本学人倾注自己的心血和智慧，真诚地致力于在思想精神和文化政治上深度理解鲁迅。他们所取得的成就绝非能被简单归为"外国文学研究"或一般意义上的"学术成果"。我在撰写《活在日本的鲁迅》一书的过程中，始终注意贯彻中日间的东亚同时代史视角，不仅将其作为学术史，更当作同时代的文化思想史来叙述。至于达到了怎样的程度，我不敢说。惟愿读者可以领会我的意图，给予批评指正。

谨以《活在日本的鲁迅》一书向曾经教诲过我的一代日本学人，表示敬重和谢意。同时，以此纪念鲁迅诞辰一百四十周年。

2020年10月

（《活在日本的鲁迅》将由生活·读书·新知三联书店出版）

II

文学同时代

日本战后思想史语境中的鲁迅论

如何认识战后日本的鲁迅论

鲁迅与日本渊源深厚，这不仅是指他七年之久的留日经历深刻影响其思想定型和文学理念的生成，还意味着日本人对这位特别的中国文人有长期持续的关注，并在特定的时期里使其成为本国思想论坛的一个焦点，从而激发了几代知识分子的想象力。也就是说，"鲁迅与日本"这一议题是个双向流动的关系结构，包含着鲁迅生前与日本的种种关联和去世后日本人对他的诚挚接受。这本身构成了一个不同民族间跨文化交流与互鉴的典型案例。在我看来，这也映现出一段中日思想文化间特殊的东亚同时代史，对于我们重新认识鲁迅及中国的20世纪史以及战后日本的思想历程，同样重要。

这里，所谓"特定的时期"是指1946年至1976年的三十年间，即日本社会激烈动荡的"战后民主主义"时期。1945年的战败造成了日本深刻的历史断裂，日本人从帝国土崩瓦解的一片废墟上猛醒过来，在反思自身走向殖民侵略战争的现代史同时，开始谋求民族、国家的复兴和社会的重建。这是一个重生式的"第三次开国"时刻，几代日本知识分子带着自身的切肤之痛重新思考明治维新以来的日本现代化进程。此时，他们注意到一个长期被忽视的思想资源，即经过反抗殖民压迫而实现民族解放和现代化的中国及其精神代表——鲁迅。

鲁迅在"二战"前就曾受到一部分日本文人学者的关注。他们不仅在鲁迅去世后出版了《大鲁迅全集》，而且还有相关的生平传记（小田岳夫）、思想传记（竹内好）乃至小说创作（太宰治）等问世。20世纪80年以后，鲁迅作为研究对象在学院中也得到相当出色的研究且形成了独立的学术传统。但是，与这前后两个时期不同，在上述"特定"的三十年时间里，日本知识界将鲁迅推到由思想、文学、历史等问题构成的思考场域中心。思想观念上的个人与国家、主体与他者；文学上的政治与文学关系、写实主义与现代主义；近代史上的传统与现代、殖民主义与民族主义、战争与革命……也就是说，近代以来日本知识分子所遇到的种种思想课题，都透过对鲁迅的阅读和阐发得到了深度的思考。鲁迅及其革命中国成为"二战"后日本思想界价值判断的一个重要标尺，有力地改变了日本自明治维新以来一切"以西洋文明为标准"的思考惯性。鲁迅被深深嵌入日本的内部，成为内在化于日本战后思想史的"他者"。

日本殖民扩张的失败与中国革命的成功以及中华人

民共和国的成立，这一系列发生在20世纪中叶的结构性历史逆转，无疑是"二战"后日本知识分子密切关注鲁迅的重要社会语境。另外，日本与中国同为东亚地区的成员，在文化传统上相通而于各自社会条件下谋求现代化发展。日本形成的是人道主义文学或"优等生"文化，而中国却能够孕育出在抵抗中获得主体的民族文学。这无疑也是日本知识分子敬重鲁迅的文化要素。而我要进一步追问：第一，日本人在怎样前后关联的思想讨论中持续关注到鲁迅文学的特质，这些思想课题如何激活了在中国被忽视的鲁迅精神中的某些内核；第二，这些思想课题构成一个与20世纪世界史息息相关又具有亚洲独特性的系列问题，在此之中鲁迅的思想文学是怎样得到创造性阐发的；第三，日本知识分子以怎样的方式将鲁迅推到"二战"后思想论坛的中心。

"二战"后日本知识界形成了一个鲁迅逝世"逢十"纪念的传统。1946年，思想家竹内好发出第一声纪念《关于鲁迅的死》，又通过后续的文章将民族独立和主体建构的问题推向思想界。1956年，文学家中野重治以《某一侧面》及其前后的纪念文章，对如何在"政治与文学"关系论争的语境中讨论鲁迅文学的人性基调和政治性特征，提出自己的看法；文化评论家竹内芳郎又将"政治与文学"关系转换成"革命与文学"问题而使讨论得以深化。1966年，在全球反战运动达到高潮而日本的"68年革命"即学生造反运动山雨欲来之际，由新日本文学会所办的"鲁迅与当代"系列讲演,将思考带入个人与社会、传统与现代等重大问题之中;戏剧家花田清辉则围绕现代与"超现代"问题展开思考,用荒诞派手法成功改编《故事新编》而对鲁迅文学提出独特阐释。1976年,随着"政治的季节"结束,思想论坛上内涵丰富的鲁迅论也迎来落幕时刻,《Eureka 诗与批评》杂志推出"鲁迅:东洋思维的复权"大型特辑,在"革命与文学"和中日文学同时代的总题下展开讨论,成为"落幕"前一个意味深长的纪念。

对于为一位同时代的外国作家的逝世举办"逢十"纪念,在日本的确是一个罕见的事态。这或许就是日本知识分子在战后将鲁迅推向思想论坛中心的方式之一。在此,我将通过整理纪念活动中各领域作者的相关论述,尽力挖掘其问题意识背后的思想史脉络,以复原活跃于论坛中的那个鲁迅。这些纪念活动,大致呈现了日本社会变迁导致的思想主题的演进路线。例如,20世纪50年代的思想议题主要集中在民族独立和国家再造方面,而反对《日美安保条约》的斗争和大规模社会抗议运动的兴起,则导致国家民族问题开始转向社会建构上来,与市民社会紧密关联的个人与集团、知识分子与大众等问题成为20世纪60年代的思考焦点。到了日本社会跨入大众消费时代的70年代,传统与现代、中日文学同时代性开始受到关注。至于那个挥之不去的"政治与文学"关系的论争,则是贯穿"二战"后日本文艺界的基本母题,从思想的深层将上述彼此交错的种种思考链条连接起来。在这些日本战后思想主题的演进中,有中国作家鲁迅的深深介入。

绝望而反抗的民族文学

1946年,鲁迅逝世十周年。对日本而言,这是一个怎样的时刻呢?1945年日本的惨败导致其经历了有史以来不曾有过的国土被占领和主权的丧失,而占领者美国则将日本视为新殖民主义的"试验场"。所谓"新殖民主义",即面对"二战"后"反帝""解殖"的世界大潮,美国开始采取以"结盟"的形式在对方国家建立军事基地,以"平等伙伴"的名义与其缔结外交关系并通过经济援助实现干预和控制的世界战略——"不拥有殖民地的帝国"主义。从联合国盟军占领到1951年"旧金山和约"签署并于次年生效,中间经过了东京审判和冷战骤起导致美国对日政策的转变,日本人也经历了天翻地覆的精神历练,强烈意识到民族独立的危机和新殖民主义的压迫。

在亚洲地区,则出现了"反帝反殖"运动的高涨。随着1945年日军从亚洲各国撤出,暂时填补这个殖民统治制度空白的是旧殖民地原有统治者重返该地区,这激起了各国人民的激烈反抗。1947年的印度宣布独立以及1954年的"印度支那停战协定"表明,东南亚的民族解放初战告捷。包括东亚的朝鲜半岛解放以及中国革命的成功并建立中华人民共和国,到了1955年万隆会议的召开,亚洲民族主义已然成为新典范。上述世界大势,受到日本知识界的瞩目。近代主义与民族问题、亚洲民族主义等成为20世纪50年代的思想焦点。例如,1950年太平洋国际学会在印度举行第十一次年会,亚洲民族主义问题成为主题。这也在当时的日本国内引起很大反响。岩波书店出版了《亚洲的民族主义——勒克瑙会议的成果与课题》(1951),《中央公论》杂志两次刊发"亚洲的民族主义"特辑,集中反映了当时日本知识界的两种倾向:一个是从处于"冷战"一极的美国战略角度观察日本,另一个是从中立的亚洲立场来看日本的民族主义。其中,丸山真男和远山茂树对中国民族主义的肯定,成为竹内好讨论日本"民族问题"的参照。

竹内好是将鲁迅和中国"作为方法"引入战后日本思想论坛的重要人物,有关他的鲁迅研究需要另做系统化分析。我这里仅就战后三十年间他是如何把鲁迅主题化并推向思想论坛中心的,略作阐述。我们已知,早在战火纷飞的1944年,竹内好就出版了《鲁迅》一书,而此书在1948年再版后,成为日本鲁迅研究的第一块基石。竹内好在鲁迅逝世十周年祭日当月发表的《关于鲁迅的死》,可谓日本战后鲁迅纪念的"第一声"。1956年,竹内好又作《鲁迅的问题性》等文章,持续积极地推动纪念活动的开展。如果把他在这十年间的其他重要文章作为一个系列，可以清晰地看到竹内好从文学家的"诚实性"问题逐渐向中日文学乃至两国现代化比较方向推进的思考路径。

《关于鲁迅的死》在分析鲁迅逝世前对中日关系抱有绝望与希望两种态度后，竹内好强调："不幸的黑暗日子结束了"，今天我们要排除干扰去实现鲁迅对中日两国"相互理解"的期待，"才是最正确的纪念方法"。这是他为战后鲁迅纪念确立的一个高远目标。文中还阐发了鲁迅政治立场的明快、坚持从实践出发的行动力以及其思想文学上的"诚实性"特征。参照《鲁迅》一书，不难发现这里所强调的文学家之"诚实性"，乃是对"启蒙者鲁迅"之"纯真"性观点的深化，至于对战斗精神的阐扬和中日两国"相互理解"的期待，则是跨越历史巨变后竹内好的新思考。

从理论思辨层面将鲁迅推向思想论坛的，是竹内好稍后所作的《何谓近代》（原题为《中国的近代与日本的近代——以鲁迅为线索》）。该文基于西洋的扩张导致东洋"近代"的出现这一基本命题，从中日两国现代化的差异入手进行类型比较，目的在于反观日本的失败教训，而思考的参照就是鲁迅。在此，竹内好通过对鲁迅的《聪明人和傻子和奴才》的独特解读，构建起一个对比的二元关系。一方是以觉醒的奴隶为历史主体的、从被压迫走向抵抗、在抵抗中构筑自我主体性、最终实现自身之现代变革的中国；另一方是以虚幻的主人为主体的、从被压迫走向顺从、在顺从中丧失自我主体性、最终成为"什么也不是"的西方附庸之日本。竹内好认为，那个觉醒的奴隶（傻子）与作者鲁迅有重叠。这"奴隶拒绝自己为奴隶，同时拒绝解放的幻想……他拒绝自己成为自己，同时也拒绝成为自己以外的任何东西。这就是鲁迅所具有的，而且使鲁迅得以成立的'绝望'的意味。绝望，在行进于无路之路的抵抗中产生；抵抗，作为绝望的行动化而显现。"（《近代的超克》，生活·读书·新知三联书店2005年版）至此，一个绝望而抵抗的鲁迅，进而在抵抗中实现了民族现代性变革的"中国"得以建立起来。在此，竹内好开拓出借鲁迅"落后的中国"及其现代化经验来质疑日本现代性的批判方式。如果考虑到"二战"后美国亚洲研究中的"冲击—回应"论还未出现，更不要说后殖民理论了，则竹内好的观点可谓相当独创且具有批判的深度。该文在产生广泛思想影响的同时，也将鲁迅成功带入日本现代性的讨论。

竹内好于中日现代化比较框架下提出"民族"问题，是在1951年所作的《民族主义与社会革命》和《近代主义与民族问题》两文中。面对亚洲民族主义的兴起和如何对待日本"国民文学"中的民族主义问题，竹内好表达了与日本"近代文学派"和左翼论坛主流不同的观点。《民族主义与社会革命》在肯定丸山真男中日现代化模式的比较和日本民族主义已失去"处女性"观点的同时，依据历史学家远山茂树有"进步与反动"两种民族主义

(《两种民族主义的对抗》，1951）的观点而展开思考，认为与中国现代文学传统中始终贯穿"良性的民族主义心情"相比，日本近代文学虽总体上表现出一种恶性的民族主义，但明治维新初期也曾存在同样作为"心情"的朴素民族主义传统，这可以作为重建当下日本与亚洲相连的民族独立意识的资源。竹内好还在《民族主义与社会革命》一文的最后提到："中国的人民文学表现出来的革命能量之丰富性确实为人震惊，它并非一朝一夕所形成，而是在反革命中把握到革命的契机，即在清末以来改革者们的努力之上完成，其中的典型就是鲁迅。"

从绝望而抵抗的鲁迅看到中国被压迫民族文学中的良性民族主义，竹内好的思考从中日现代化比较的原点上向前推进了一大步。《近代主义与民族问题》一文则主要针对"近代文学派"回避"民族"问题的倾向。竹内好的基本观点是，自白桦派以来日本现代文学基本上是在抛弃了"民族意识"的情况下发展而来的，结果"民族意识"必然伺机反抗而为法西斯主义所"唤醒"。中国的民族主义与社会革命紧密相连，"但在日本，由于社会革命疏离了民族主义，受到摈弃的民族主义者只好选择与帝国主义相勾结的道路而走向极端化"。中国现代文学的发展证明：革命与文学必须植根于民族传统。在此，竹内好坚持要"从反革命中提取出革命"的良性民族主义，至少要从走上帝国主义道路之前的明治初期挖掘为日本现代所用的思想资源。我认为，现代民族国家的形成必须依赖国民意识的发生，而国民意识的培养离不开民族主义的推动。"二战"后日本的国家重建同样需要新的民族主义，竹内好借中国革命的经验而提出日本的"民族问题"，其思考可谓深刻独到。

竹内好是活跃于20世纪50年代日本思想论坛的重要人物，善于在流动的状态中发现议题并通过论争将其主题化。他一方面对新日本文学派多有批评，另一方面对"战后派文学"的"近代主义"立场进行批判——这常常使他成为论坛的焦点。总之在"二战"后初期，由于竹内好等的努力，鲁迅与中国革命在思想论坛上获得了广泛认知，讨论远远超出了中国研究领域。例如，战后日本新史学的开拓者石母田正运用唯物史观重建历史学，其特色就在于通过朝鲜抵抗的近代史发现了"民族意识"的重要性。石母田正是最早将"亚洲视角"引入日本史研究的学者，而其灵感则来自中国作家鲁迅和朝鲜诗人徐南麟。

战斗的人道主义者

1956年，鲁迅逝世二十周年纪念。比起战后一片废墟而百业待兴的1946年，此次纪念活动可谓丰富多彩，讨论的议题也随形势的变化而流动着。在进步势力重镇的岩波书店和日共指导的日本战后最大文学团体"新日本文学会"的策划下,纪念活动俨然形成了规模。岩波书店《文学》杂志的鲁迅特辑,刊发了包括竹内好、荒正人、杉浦平明、中野重治等名家在内的系列文章,同时出版了《鲁迅选集》(全10卷)及其导读性质的别卷《鲁迅案内》。杂志《新日本文学》的同年10月号则刊发"特辑:鲁迅死后二十年"。也是在这一年,鲁迅的作品《故乡》第一次被选入教育出版社的中学国语教科书,其后数十年间又有光村图书、三省堂、筑摩书房、学校图书和东京图书陆续跟进。考虑到日本中学国语课本的出版一直由这六大出版机构垄断,那么"可以说三十年来几乎所有日本人在中学都读到了《故乡》。这样的作家不论国内国外都在少数,鲁迅虽为外国人却成了近乎国民作家的存在"(藤井省三:《鲁迅事典》,三省堂2002年版)。

这里还要关注在日本战后倾注全身心宣传鲁迅、"逢十"纪念必有文章或讲演的中野重治。如果说竹内好是以思想评论家和中国文学研究者的身份致力于对鲁迅的阐发,那么中野重治则是以无产阶级文学代表性作家的立场展开纪念的。由于他和鲁迅的特殊因缘,也因为其在日本文学史上"政治与文学"关系论争中的特殊位置,其鲁迅论更具有文学方面的洞穿力和对政治性的深湛理解。同时,作为积极参与国际共产主义运动的日共党员,他也能够在世界社会主义革命与帝国主义战争之矛盾抗争的关系结构中阐发鲁迅文学的价值。比起竹内好对民族主义和中日现代化类型比较的思考,中野重治更注重在"政治与文学"关系结构中深化对鲁迅的认识。"二战"后世界政治的风云变幻和日共内部的思想斗争，则成为中野重治思考的现实背景。

20世纪50年代的国际政治环境，可谓波诡云谲。特别是赫鲁晓夫在苏共二十大上的"斯大林批判"震惊世界的同时，也引起了社会主义各国的波动。在此形势下，日共指导思想也发生了前后变化，民主主义文学界有关"政治与文学"关系的论争亦不断发酵。我们已知，始于20世纪20年代无产阶级文学运动高潮之际的"政治与文学"论争，到了"二战"后则在新形势下持续燃烧，直至80年代才偃旗息鼓。我认为，政治与文学在"极端的20世纪"成为一个彼此无法分离的对立统一结构，战争与革命作为政治的最激进形态对包括文学在内的整个文化构成全景式渗透，已非一国一地域，而是具有世界普遍性的文化政治问题。中野重治作为新日本文学会的领导者，始终处于"论争"的漩涡中。他那带有特殊经验的解读有力地激活了存在于鲁迅思想深层的"政治与文学"要素。

中野重治的一生可谓波澜壮阔，其作品也卷帙浩繁。谈鲁迅只是他文学写作的一小部分，却具有典型性。例如，1937年发表的《一分为二的中国及其他》，他注意到当时的中国存在两个政权——国民党政府和共产党苏维埃政权，而以鲁迅为核心的上海左翼文化阵营代表共产主义进步势力，且与日本无产阶级文学运动息息相关。

中日普罗文学联手实现飞跃性发展正是在这个时期，鲁迅作品被翻译到日本也是此时。中野重治对夏目漱石、佐藤春夫以来轻视中国的叙述表示不满，提出要从中国近代史本身，特别是中日普罗文学共同发展的视角认识鲁迅的价值。1939年所作《鲁迅传》，则强调鲁迅是文学家也是政论家，而且在政论方面的成就更为深刻阔大。

"二战"后，中野重治成为左翼文学阵营的一面旗帜。其鲁迅纪念的"第一声"是1949年10月在中国留日学生同学总会等联合举办的纪念活动上所作的《鲁迅先生祭日》。他在讲演中表示：鲁迅是伟大的中国革命所孕育的作家，逼使青年鲁迅走向革命和文学的直接推手却是对中国实行帝国主义侵略的日本，因此日本人只要是从事文学工作的，都有对鲁迅先生做出自己的价值判断的义务。而在中日同样处于时代"大转折"并试图建立两国人民之全新友好关系的今天，日本必须集合以往分散的鲁迅研究学术力量，并将研究成果惠及广大民众；鲁迅的所有作品均有一种将读者引向故乡和祖国的力量，从悲愤于故乡和祖国的惨淡暗黑中生出改革的心愿，这是其文学的一大特征。1956年10月所作的《某一侧面》，更代表了中野重治的战后鲁迅论的基本立场——对鲁迅作品的高度政治性的认同。文章谈到他自己阅读鲁迅的感受："无论遇到什么也要做正直的人。进而要为日本民众尽力……就是说，让人产生政治战斗的感奋。""这种透过人性将读者引向政治上的感动，乃是鲁迅的基本性格。"鲁迅"人性化、文学性的语言在多数场合并不伴随着政治性的言辞,却能成为痛烈的政治批判。……这是鲁迅文学特别给人以铭感的地方"。

竹内好曾将自"二战"前论述鲁迅的日本文学家分为两种,"一种是东洋式的虚无主义者,另一种是战斗的人道主义者"。创作《惜别》的太宰治代表前者,写作杂感文章的中野重治则属于后者。(《鲁迅先生祭日》)的确,"战斗的人道主义"是中野重治一以贯之的立场。而在我看来,他始终从"人道"出发观察鲁迅的文学性与政治性,其文学视角是基于深厚的人性和社会历史而非单纯的阶级文学,而其政治视角是基于高度综合的唯物史观而非简单的党派性。就是说,在中野重治那里,"政治与文学"不是从观念和教条演绎出来的二元对立,而是基于艺术经验和政治感知高度统一的辩证法。也因此,他能够从鲁迅那不免暗淡悲哀的文学世界感受到催人改革奋进的力量。从"二战"前开始,中野重治就确立起了从中日无产阶级文学连带的视角认识"战斗的人道主义者"鲁迅的立场;"二战"后则进而意识到,日本人需要从帝国主义侵略战争引发中国民族解放与社会革命的历史逻辑关系出发深入理解和研究鲁迅。中野重治始终在两条战线上作战:一方面抨击只有信奉而不加怀疑的近代主义文学话语,另一方面对源自日共党组织和纲领的非人性化言辞的批评。他对鲁迅的文学性、人性与政治性高度统一的把握,无疑源自个人的斗争经验。他期待向鲁迅学习，以改变理论信仰和教条主义导致文学与政治割裂的日本现状。1964年被日共开除后，他对党派政治的批判更加激烈，这在1967年的纪念讲演《鲁迅研究杂感》中有突出表现。我将在后面介绍。

此外，还有一位值得注意的非中国文学专业的鲁迅论者，是马克思主义理论家竹内芳郎。我们已知，竹内好曾在"政治与文学"关系结构中强调鲁迅首先是文学家——这种观点给后世以深远影响，但也受到研究界内部的不断挑战。1965年丸山升出版《鲁迅——其文学与革命》，针对竹内好的"文学主义"倾向而提出鲁迅首先是革命人的主张。竹内芳郎则从"政治与文学"关系阐释架构是否有效方面，同时对上述两位提出批评而引起论争。他在《鲁迅的文学与革命》（1967）一文中主要阐发了自己的思考理路和基本观点，强调从理论上理解"革命与文学"之内在结构关系，比使用一般的"政治与文学"概念更为重要，因为文学史上长期的论争使讨论变得异常缠绕且思维固化，掩盖了更为根本的"革命"问题。鲁迅的独特之处就在于他一生不断地回溯"原点"——屈辱的体验，由此反思"革命的原本性和文学的原本性"。鲁迅对"革命与文学"关系的认识有一个发展变化过程，并非竹内好所说有什么"不变的核心"或丸山升所谓的"永远的革命人"，需要阐明这种变化的结构性规律。他认为，鲁迅在1928年前后的转变非常重要。

这里提到的"原点"——屈辱的体验,当然是指"幻灯事件"。在竹内芳郎看来,此乃鲁迅文学成立的基点,它有两重的作用。一个是屈辱感的普遍化,即将文学引向"民族的普遍性"。将个人的屈辱感扩大到民族全体,个性化的文学表达转变成普遍性的语言表现,这决定了鲁迅文学作为"民族文学"的性质。另一个是内在化,即在"事件"中自己"被看见",将那种不甚分明的感受内在化为"屈辱感"。在此,与"革命者"鲁迅达成一体化的"文学者"鲁迅得以形成。其文学性的本质性格呈现为:一方面是"革命的不可能而产生唯有文学是可能的",另一方面是"甚至文学亦无力",两者构成辩证统一关系,成为鲁迅前期文学观的基本结构。然而,由于中国革命的不断发展,鲁迅文学的"原本性"结构也发生了变化,即由革命的不可能性向"并非不可能"的认识转化。在此,竹内芳郎不同意冯雪峰的"后期马克思主义者鲁迅对前期文学观做出了'清算'"的观点,认为其思想文学"原点"上的认识被带到后期,使鲁迅的文艺观与一般来自观念理论的马克思主义者不同,他那自我否定式的对于"原点"的忠诚,既是鲁迅的特点同时也反映了中国革命不断前进的内在逻辑。20世纪30年代以后,鲁迅强调的并非文学要服务于政治,而是文学本身的革命化,这是他最宝贵的理论贡献。

竹内芳郎的鲁迅论追求从理论上理解革命与文学的关系,其目的在于反思日本"政治与文学"论争的逻辑偏颇，而现实政治的大背景是1956年"斯大林批判"以来日本马克思主义者内部发生的种种分歧，特别是一贯听从共产国际"旨意"而走向僵化保守的日共受到新左翼的冲击，包括"政治与文学"在内的各种理论问题需要从原理上重新思考。中国革命及鲁迅文学有哪些历史经验可以参照，也就成为日本思想论坛上的话题。从专业角度讲，竹内芳郎的论述可能有史料和技术上的一些问题，但其努力不仅引起专业领域内的论争，而且起到了在思想论坛上将鲁迅主题化的作用。

创造东洋的"故事新编"

讲到20世纪60年代的日本，可能首先在脑海里浮现的是1960年初夏上百万市民集结于日本国会前抗议政府强行通过《日美安保条约》的震撼画面，或者1968年学生造反运动中东京大学安田讲堂的攻防战。那是一个社会运动高涨的"政治的季节"，日本的战后民主主义已走过要求民族独立和市民社会重建的前期阶段，而日本的社会结构及思想文化观念也迎来重大转型。经济上，通过启动"朝鲜战争特需"，日本开始走上再工业化和高速发展的轨道。政治上，在日美同盟的制约下，保守与革新的自民党与社会党的斗而不破的"五五年体制"稳步运行。这给"二战"后日本社会秩序的建构提供了保障，同时经济发展和政治固化导致的文化教育和道德秩序建设的滞后，也引起社会反弹。由新左翼主导的政治运动在1968年达到高潮后迅速衰退，而大众消费时代不期而至。

仅就思想、文学领域的变化而言，以下事件在当时的日本具有特别的象征意义：1960年安保斗争漩涡中战后民主主义重要旗手丸山真男遭到新左翼理论家吉本隆明的批判，1964年中野重治被开除出党而日共在文化界威信遭到重创，"讲座派"马克思主义者花田清辉在与吉本隆明的论争中败北后退出文学批评界……一方面，这一切意味着日本"二战"后思想界争取民族独立和民主斗争第一阶段的落幕，新左翼成为思想论坛的领跑者。"民族与国家""政治与文学"等基本议题逐渐让位于知识分子与大众、个人与社会、传统与现代等新问题。此外，新左翼在建构激进革命的理论基础之际将目光投向毛泽东思想，中国在20世纪60年代的革命运动更催生了日本"全共斗"时代的各种激进派别。另一方面，日本的学术文化领域受到西方解构主义新潮的刺激，对阶级解放、革命主体、客观理性的关注渐次让位于对共同体、文化边缘、主观感觉等，悄然出现了所谓从"存在到结构"的焦点转移。

这些变化直接影响到20世纪70年代前后的日本鲁迅论，特别是中国20世纪60年代的革命运动也冲击了日本在"二战"后已然形成的论述传统，鲁迅纪念活动也在

1966年几乎陷于停顿。唯有每到"逢十"都要举行纪念的新日本文学会所办的"鲁迅逝世三十周年特别系列讲座"略成规模，但也延迟到1967年才举行。从讲演集《鲁迅与当代》（劲草书房1968年版）中可以了解到，系列讲座在一定程度上反映的那个时代鲁迅论的焦点及其前后变化，仍足以作为我们考察的依据。其中包括尾崎秀树、尾上兼英、竹内芳郎、桧山久雄、竹内实、中野重治、佐佐木基一、花田清辉八人的讲座，他们大都为新日本文学会成员。从内容上归纳，大致有鲁迅与日本、革命与文学、传统与现代三类议题。

在第一类议题中，中野重治的《鲁迅研究杂感》值得关注。他对眼下中日两国鲁迅研究停滞不前的状况、对日共当初追随周扬而今却跟风20世纪60年代的革命运动多有不满。明显地，国际和日本国内现实政治的风云变幻促成了他对鲁迅的重新思考。他强调：比起苏联等，日本有更适合研究鲁迅的优势，也有义务拿出更好的成果。"九一八"事变以后，日本的侵略过程深刻左右了中国现代史，引发了鲁迅后期大量杂文的创作。殖民侵略与反殖民反侵略的历史，从反面证明了中日两国及鲁迅与日本关系的密不可分。他认为，自己对俄国革命的认识在总体上与鲁迅接近，但在认识路径上不尽相同。鲁迅根据自身追求革命的经验而承认俄国社会主义和中国革命的意义，因此其文字有千钧之重，对于"二战"后高度资本主义化的日本人来说依然有被刺痛之感。

这篇讲演曲折反映了中野重治对日共教条主义的批判及拥护苏联和国际共产主义运动的心情，其在世界无产阶级革命——战斗的人道主义和在民族压迫与阶级解放的关系结构中观察鲁迅的视角，以"人性"为媒介构筑文学与政治的辩证关系等，都极具启发意义。他一贯以文学家的直观感受言说鲁迅，通过与对象的深层对话来叩问自己的灵魂，因而形成了独特的风格和强烈的感染力。中野重治对鲁迅的这份深情，当然源自两人的特殊关系。正如他逝世前所回顾的："我知道，鲁迅谈到了我的'转向'、珂勒惠支版画选集中文版出版后也曾惠赠我一册……鲁迅下葬时鹿地亘是抬棺人之一，那张小小的照片大概还在我手上，希望能够找到。我应该是第一个在北京鲁迅博物馆发现《为横死之小林遗族募捐启》的日本人……在与鲁迅有关系的青木正儿教授、佐藤春夫、竹内好、增田涉等人都已离开人世的现在，我对鲁迅的追思越发复杂而深沉。"（《中野重治全集》第20卷，筑摩书房1997年版）

在此，我需要解释一下这段回忆文字中提到的下列事项：第一，鲁迅谈到中野重治的"转向"是在1934年11月17日《致萧军、萧红》的信中；第二，鲁迅赠中野重治的《凯绥·珂勒惠支版画选集》为所印一百零三部的第三十六部，大概是托鹿地亘代送的；第三，1936年10月22日鲁迅安葬日，鹿地亘是抬棺的十二位青年中唯一一位外国人；第四，1957年10月应中国作家协会等邀请，中野重治作为团长率日本作家代表团访华，期间参观北京鲁迅博物馆之际，发现一则由鲁迅等九人署名的、为小林多喜二募捐的启示，这个《募捐启》刊于1933年6月1日北平左联机关刊物《文艺月报》创刊号上。

这个系列讲座中最具时代性和前卫色彩的，是在第三类"传统与现代"议题中讨论鲁迅思想艺术特性的花田清辉。花田清辉在文艺批评上具有辛辣讽刺的格调、戏剧创作上追求喜剧性幽默的现代主义（先锋派）、政治上则是坚持"二战"以前"讲座派"理论的马克思主义者，且古今东西视野开阔而有国际主义倾向。花田清辉的讲座《关于〈故事新编〉》，首先回顾自己战争期间阅读《故事新编》而对《铸剑》《出关》《非攻》尤有感动的经历，认为《铸剑》中有强烈的革命欲望，鲁迅要表达的是"个人的败北可能导致阶级或集团的胜利"，其文学中同时有喜剧和悲剧的要素，但悲剧性似乎更为浓烈。这可以称为"东洋式"的色调，与包括日本在内的东方古典悲情世界密切关联。鲁迅身上有血肉化了的传统存在，有时对其加以激烈的抵抗，有时从改变现实出发又积极地利用传统的要素，这也正是《故事新编》不易把握的地方。鲁迅希望半殖民的中国实现现代化，同时又试图走向与西方不同的现代化道路——社会主义，其文学具有"超现代性"。花田清辉坚信，20世纪60年代的世界正处在资本主义向社会主义的转换时期，鲁迅对社会革命的认识和艺术上的创新，都有重要的参考价值。

在"二战"结束后最初的一段时间里，日本知识分子主要着眼于透过鲁迅及其中国革命从东西方现代性的关系结构内部比较现代化的类型。花田清辉在"传统与现代"之上提出"超现代"或反现代的可能性问题，的确有思考方式上的创新。虽然他是从自身创作先锋戏剧的实践经验直觉地感受到而未能做进一步的理论抽象。他预示了稍后，特别是20世纪90年代以后日本学术界以反思现代性为中心的鲁迅研究时代的到来。1976年冈庭升在《亚洲的近代》一文中从方法论上对现代性的质疑，20世纪90年代丸尾常喜对传统与现代理论模式所遮蔽的中国民间习俗"鬼"世界的关注，代田智明对后期鲁迅围绕上海"殖民地现代性"所作批判的重视，乃至伊藤虎丸晚年意识到的鲁迅"向下超越"的思想特征等，其思考的源头都可以追溯到花田清辉。

更可贵的是，花田清辉还将上述对鲁迅的认识付诸戏剧实践，与小泽信男、佐佐木基一、长谷川四郎共同创作了《戏曲：故事新编》脚本。由《寄身洪水的叙事诗——大禹》《亦守亦攻——墨子》《头颅飞溅在所不惜——眉间尺》《永恒的乌托邦——老子》四幕组成的这个脚本，最终得以在东京和京都成功上演，这无疑是对1974年不幸病逝的花田清辉最好的告慰，也是对其"鲁迅以前现代为否定性媒介实现对现代的超越"这一认识的实践。长谷川四郎认为，辩证法是一种实践即认识事物内在过程的"伟大的方法"，花田清辉的艺术实践正是对这一方法的实际应用。"我们的工作并非要追赶和超越西方,而是尝试创造包括日本在内的东洋的故事新编、我们的国际主义文化。"

创造"东洋的故事新编",这的确是一个超越古今历史和东西方时空的宏大愿景。它源自中国的鲁迅而在战后日本生成并被付诸实践,显示人们一旦摆脱西方中心论式的现代性思维牢笼,则必将释放出灵动的想象力。亚洲悠久的思想传统和新时代日本文人的国际主义视野自然是这种想象力的根基。我读日本知识人的鲁迅论,就时常会感到这种独有的"亚洲"感觉和视野,它能够有力地激活鲁迅文学中中国人不易察觉的亚洲底色。它是传统中国的、也是东方的,但在中国文化视域内部不易显像,而在东亚边缘的日本则会被明显感知。它提示我们,鲁迅文学的区域特征还有待开掘。

东洋思维的复权与中日文学同时代

1976年,鲁迅逝世四十周年。这一年,岩波书店《文学》杂志刊出特辑:"鲁迅与三十年代中国文学"。同年10月,岩波文化讲演会在京都会馆举办,竹内好发表《日本的鲁迅翻译》。另外一个大型出版机构筑摩书房,则陆续刊行《鲁迅文集》(全6卷)。综合其他一些信息可以看出,此时日本的鲁迅逝世"逢十"纪念的传统得到恢复，但时代气息和论述焦点已大不同于此前。结合国内国际的现实课题开展思想交锋的紧迫感和论战性格已然减弱，与战后"政治的季节"终结相照应，日本思想论坛上的鲁迅论也仿佛迎来了落幕时刻。

其中，青土社的杂志《Eureka 诗与批评》推出的特辑"鲁迅：东洋思维的复权"，从作者阵容到主题的设定都颇具特色。以竹内好、桥川文三的对话《革命与文学》为中心，邀集不同领域的新老作者二十八名，可谓壮观。"东洋思维的复权"仿佛是在强调鲁迅精神与亚洲传统的关联，对话《革命与文学》表面上沿袭了"政治与文学"的架构，但讨论的重点是从 20 世纪 30 年代中日文学同时代的角度来观察后期鲁迅。

从亚洲的现代和中日文学同时代两条主线观之，特辑中桧山久雄的《奴隶史观与〈故事新编〉》值得关注。作者比较了鲁迅与日本文人思想家的差异，由此进入对《故事新编》主题的阐释，可以说延续了此前花田清辉等的"超现代"论，但紧贴着"东洋思维的复权"主线而对亚洲的中国与日本差异的分析，则多有新意。桧山久雄认为，《故事新编》的主题在于从中国固有文明的内部抗争来寻找东洋独自的现代性之创生。鲁迅的《灯下漫笔》对中国历史的反思，与福泽谕吉对日本历史的批判神似，但前者没有像后者那样强调"以西洋文明为目的"。鲁迅坚持以未曾有过的"第三样时代"为指向的"创造史观"。

"东洋独自的现代性之创生",其反题是西洋现代的称霸世界。也就是说,在西洋现代性向世界扩张的过程中,受其压抑而催生了创造"东洋独自的现代性"的对抗意识。既然这本身包含对西方现代性的超越,那么从原理上对其加以批判就成为必然的前提。这个特辑中,冈庭升的《亚洲的近代》一文就具有原理性的思考。文章认为,当摆脱了视亚洲现代为落后的常套观念时,鲁迅将作为杰出的积极性契机出现在我们面前。如果不是把西欧现代视为必然的规范而是作为必须超越的压抑模式,那么鲁迅就是唯一能在亚洲把握逆转东西方非对称的现代性价值判断契机的思想家。冈庭升的理论依据是:"近代",这个神圣规范与神圣的中世纪一样,仍然是一个压抑和规训我们身体的体系。这个悖论导致欧洲现代根源上的黑暗——为证成自己的人类性而创造出"非人类"存在的殖民地,世界由此被分裂成西欧和非西欧的二元。

在冈庭升看来,鲁迅的"思想代表了亚洲现代的本质",这体现在三个方面:一是通过学习欧洲现代而达到反抗其不合理性的境地;二是从根本上否定"脱亚"路线,"脱亚"乃是近代日本的原理性错误;三是对"青春"的否定,三十八岁始作《狂人日记》而走向文学的鲁迅拒绝一切青春期的轻信盲从,从而避免了所有规范的束缚,成为亚洲现代思想的体现者。

这个特辑的又一个重要议题是20世纪30年代中日文

学的同时代性，主要体现在竹内好与桥川文三的对谈中。20世纪30年代的中国文学已然具备世界同时代性，日本人能以感同身受的方式深化对鲁迅的理解。这既与中野重治早年提出的从中日无产阶级文学共同发展的角度认识鲁迅的观点相连通，又反映了跨越战争鸿沟而中日邦交得以恢复的20世纪70年代的新视角，可以说意义深远。当然，日本的战争和中国的革命导致这种中日同时代性的断裂，其所造成的相互理解之巨大悬隔该如何克服，则还有待深入讨论。

鲁迅的世界意义体现于东亚

1976年，在日本也是一个具有象征意义的年份。仅就此前涉及的日本战后知识分子而言，就有花田清辉（1974）、竹内好（1977）和中野重治（1979）相继辞世。这预示着一个时代，也即日本鲁迅论最为辉煌时期的终结。这一代人以各种方式，将被压迫民族的伟大作家鲁迅推向日本思想论坛的中心，发挥了远远超过西方思想家的影响力。比如，与萨特相比，鲁迅的影响更是全方位的。殖民体制与反殖民斗争的历史、亚洲民族解放的必然性与日本民族主义走向法西斯、西方现代性与亚洲独自的现代，还有战争与革命造成中日文学的同时代性等，日本知识人对这些问题的思考都曾受到鲁迅的启发。

"二战"后三十年,也是丸山真男所谓日本历史上第三次"开国"的时代。知识分子以对侵略战争的自责和对未来的憧憬——"悔恨共同体"为依托,利用自身的知识在推进舆论形成和社会重建的过程中发挥了启蒙作用。明治维新以来的日本社会改革主要依靠"国家"强力推动,这种体制未能给知识人预留更多发挥作用的空间,而1945年的战败使日本"国家"一时出现真空状态,让知识分子得以释放思想的力量,由此开创了"战后民主主义"的辉煌时代。他们面对本民族生死攸关的现实问题,将鲁迅视为思想资源而有力地激活了其文学中宝贵的实践性要素。如果再结合"二战"后在韩国等地传播的历史,则可以说鲁迅文学的世界意义首先是在东亚得到体现的。因为在这里,鲁迅直接参与了人们改造社会和思想斗争的实践,而非仅仅是学院里的研究对象。

我认为,这也将促使今天中国学界的自我反思,现代中国创造了具有世界意义的鲁迅,但为什么后来的研究者未能强有力地将其推向世界的中心?正如美国学者寇志明所追问的:这难道不是今日中国鲁迅研究者的普遍焦虑吗?日本人致力于把鲁迅提升到"一个更广阔的背景下,展示他的生活世界,理解他为什么用这种混合着讽刺和幽默的方式来回答"时代问题。(《竹内好的鲁迅·中国的竹内好》,载《鲁迅研究月刊》2019年第11期)这个曾经"失败"的日本民族,其知识精英在艰苦卓绝的民族重生实践中创造出自己的"鲁迅像"。他们有时也难免"圣化"鲁迅而多少偏离了中国现代史的实际。这是可以理解的,他们面对着自身特殊的时代课题、有自己的问题意识。我们不能因此指责他们"偏至",而应该从战后思想史语境出发,以"了解之同情"的态度理解其"鲁迅像"。这样,中国学者才能与日本知识人共享这份珍贵的鲁迅论遗产,才能加深认识诞生于中国的伟大作家鲁迅,其民族身份和世界意义。

2021 年 1 月

(原载《文学评论》2021 年第 1 期)

国家与战争的文学隐喻

——读董炳月《"国民作家"的立场》

一

董炳月所著《"国民作家"的立场——中日现代文学关系研究》(以下简称《"国民作家"的立场》,生活·读书·新知三联书店 2006 年版)处理的是民国初年到 1945 年"二战"结束期间的一段中日文学关系,涉及平江不肖生的《留东外史》、孙俍工的《续一个青年的梦》和周作人的"儒家文化中心论",还有武者小路实笃的《一个青年的梦》、佐藤春夫的《亚细亚之子》以及太宰治的《惜别》等。所讲历史仅三十余年,所论作家的作品也决非经典,毋宁说都是一些被文学史叙述抹消掉或几乎被忘却了的文本和文学"事件"。但是,由于作者摆脱了一般比较文学研究的模式化架构而有意识地导入"民族国家"的视角和互文性分析方法,使沉埋着的文学记忆被强有力地激活,引导读者得以重返国家与战争血雨腥风的历史现场。董著的主要写作目标是从文学关系的"个案分析"入手,尽量复原中日两国那段多种因素交织的复杂历史并给出自己的解读，而在阅读过程中让我更感兴趣的是其贯穿始终的自觉的方法论意识。

比较文学研究起源于19世纪末20世纪初的西欧，正如1900年巴黎万国博览会上的"世界学术会议"中赫然出现"比较文学史"的议题所象征的那样，与展示西欧文明征服世界所获殖民战果的早期万国博览会一样，比较文学从一开始就带有一抹挥之不去的西方中心论或者东方主义色彩，这在法国学派的"影响研究"中表现得尤其明显。因此，虽然作为一种方法的比较文学确实开拓了人们研究文学的时空视域，但其中隐含着的进化论式线性逻辑思维模式乃至文明史观上"文明必将征服野蛮"的偏见，也的确阻碍了人们对文学现象和各国之间复杂的文学关系史的深入思考。

中国自20世纪30年代起便开始注意比较文学的应用，例如戴望舒翻译梵·第根《比较文学论》，陈铨写作《中德文学研究》等，但就中国现代文学研究而言，运用比较文学的方法考察中国作家与世界各国文学的关系且呈一时之盛，是在"走向世界"的口号最深入人心的20世纪80年代。鲁迅与俄罗斯文学、茅盾小说与法国写实主义、老舍与英国文学、巴金与西方安那其主义、曹禺戏剧与欧洲基督教传统、《野草》与《恶之花》等诸如此类，可以说新文学史上几乎所有重要作家与外国的关系都得到不同程度的关注。这种在今天看来有些异乎寻常的现象，如果和稍后出现的有关中国文学"现代性"

的讨论联系起来观之，则不难发现，如此注重中国文学与西方的关系，特别是对其"影响关系"的谱系学式渊源追溯，反映出研究者是在有意无意中向现代文明起源地的西方寻求中国文学现代性的根据。也就是说，中国文学的现代性依据和价值判断基准在西方，好像如果证实了中国文学与前者的"类似性"或者"影响关系"，其现代性就会得到保证似的。我们是在不自觉地把西方观察东方的"视线"当成了文学价值判断的标准，冒失地讲，可以称为一种"颠倒"的东方主义。

重要的是，这种"颠倒"的东方主义在当时并没有被大多数研究者觉察。于是，比较研究在"翻译与模仿""传播与接受""冲击与回应""影响与独创"等一系列二元论模式中来回打转，除证实了中国新文学的起源直接与西方19世纪以来的文学相关联，其现代性乃是在接受、模仿和对"本真"的西方进行"创造性转化"而获得的之外，并没有对文学自身获得更深入的理解。相反，从本土的社会条件和历史语境来追寻文学现代性的起源这一紧要课题，却没有得到应有的重视，而上述二元论模式更遮蔽了我们从多元视角观察和进入中国现代文学与各国，特别是与周边国家关系史的视线和能力。从这个意义上讲，20世纪90年代以后随着"走向世界"激情的减退，上述"东方主义"式的"影响比较"研究逐渐冷落下来也是势所必至。我们的文学研究，特别是如"中日文学关系""中韩文学关系"这样具有相当"密切性"的"关系史"研究，需要新的视野和方法论架构。

《"国民作家"的立场》在突破传统比较文学的框架，构筑观察中日文学关系的新视角方面是有着明确自觉的。作者在"导言"中就直截了当地指出：近代以来由于"现代化程度的差异、地理距离的切近以及国家利益的冲突这三种主要因素互相发酵，使两国之间的关系向更为复杂的状态延伸。这种延伸体现在文学关系上，就是两国文学发生了广泛、直接而又密切的关联，呈现为交织状态。这种交织状态的密切性甚至超出一般的比较文学研究方法所处理的范围。"这里，用"交织状态"来描述那段战争状态下的两国及两国文学关系十分到位。我们知道，中日两国之间的现代化历程虽有时间先后的差异，但于现代性发源地的西方之外，试验现代化而走过百年历史的经验是相通的。同时，在帝国主义征服世界的背景下形成了殖民与反殖民、侵略与反侵略的关系，而传统的地缘文化共同性，又使其文学的交往并非如东西方之间那样呈现单线的强势一方流向弱视一方的态势。因此，无论是比较文学中的"影响研究"还是"平行研究"，的确都不足以解开具有如此密切性的"交织状态"，必须找到规定了那个时代文学性质的更有穿透力的文化政治分析概念。这体现在书名的"国民作家"的立场之中，即"现代民族国家"视角，而这个视角也确实成了贯穿该书全篇的主线。

二

汉娜·阿伦特早在"二战"结束不久所著的《极权主义的起源》（1951）中，曾论及帝国主义征服世界的悖论现象。她比较了古代的"世界帝国"和现代"帝国主义"的不同，指出"民族国家作为征服者出现时一定会促成被征服民族的国家意识和自治意识的觉醒"。事实也是如此，整个20世纪伴随着帝国主义战争的发生，在世界各地相继出现了民族主义的高涨，同时众多新的民族国家被构筑起来。我们还知道，一个国家的存在是以外部有另外的国家存在为前提的，现代民族国家间的战争与以往的各类战争截然不同，主权国家在追求国民均质化的同时，要求全体国民臣服于绝对主权者（至高无上的国家利益），故战争爆发则必然采取"全民皆兵"的态势。这个"全民皆兵"不仅意味着国民的身体要成为杀人工具（当然有帝国主义殖民侵略战争的"杀人"和被压迫被侵略一方拿起武器被迫反抗的不同），而且更意味着"国家意识"将渗透到政治、文化、语言等所有意识形态层面。现代中国人民族国家意识的觉醒，很大一部分原因在于日本帝国主义的殖民侵略。正如周作人在1936年的《谈东方文化》中所言："一盘散沙似的中国民族近来略略养成了一点民族思想国家观念，这都是受

'日本之赐'。"在那个中日两国处于战争状态的时代里，包括文学在内的文化知识生产都逃不脱被"国家意志"所规定的命运，"国民作家"的立场也就成为别无选择的立场。

作者能够成功地处理那一段中日两国的文学关系史，为今天的读者生动地呈现出"交织状态"的历史原风景，关键就在于牢牢把握住了这个"民族国家"的方法论视角。我觉得，书中最精彩的部分是第二章考察中日作家互文现象的"梦与肉弹的文学史"，以及第三章讨论佐藤春夫《亚细亚之子》的"婚姻·生殖·亚洲共同体"。《一个青年的梦》是一部曾经触发"五四"一代中国知识分子反战和平和人类主义想象的作品，其作者武者小路实笃从人类和平的立场到明确支持"大东亚战争"并创作剧本《三笑》（1943）的转变过程，真实生动地呈现了帝国主义制下的日本文学家被"国民化"、其文学创作被拖入战争意识形态深渊的历史命运。而追随武者小路实笃反战和平和人类主义的孙俍工，在《续一个青年的梦》中对原文本的改写及某种程度的颠覆，连同另一位"实笃新村主义"在中国最有力的支持者周作人，从世界主义到亚洲主义再到民族主义乃至文化民族主义（沦陷时期的"儒家文化中心论"）的转变，则以更为复杂曲折的形态呈现了在日本帝国主义威逼下的中国人国家立场和民族意识不断高涨的过程。如果说这里反映的是在帝国主义从一步步威逼到最后挑起战争的过程中，殖民侵略与被殖民被侵略双方"国家意识"的普泛化，从而印证了汉娜·阿伦特的上述见解，那么佐藤春夫写于中日战争爆发不久的《亚细亚之子》（1938），则暴露出战争与日本国家意识形态对文学的全方位渗透和戕害。

《"国民作家"的立场》指出，这种全方位的渗透发生在现实政治、文化观念，乃至文学隐喻的各层面。《留东外史》和《续一个青年的梦》对日本侵略行径的直接批判，《亚细亚之子》对日本扩张的美化以及郁达夫对佐藤春夫的抨击，还有周作人与片冈铁兵之间有关"儒家文化中心论"的唇枪舌剑，属于现实政治和文化观念层面。而两个《肉弹》（樱井忠温、包起权）文本中对军人身体的隐喻，特别是《亚细亚之子》中性别与语言都成了"国家"的象征物——"郭沫若"之妻"佐藤富子"作为女性象征亚细亚的"母体"，而其子的双语能力为亚细亚之子的表征，则是露骨的文学之战争意识形态化。

三

《"国民作家"的立场》之所以能够从现实政治和文化观念的层面，甚至从身体和语言的隐喻中，解读出"国家意志"和"战争意识形态"对文学的渗透，在于作者有意识地摆脱了传统比较文学中"影响研究"的

"传播与接受""翻译与模仿"等主客分明的等级化分析模式,并将"国民作家"这一身份政治的视角落实到每个具体的文本解读之中。在此,作者迈出了进入中日近代文学"关系史"深层的坚实一步。这个"关系史"是以双向活动的留日作家群为中介构成的两国文学广泛交融的过程,一种"你中有我、我中有你"的纷繁复杂状态。正如互文性概念所表征的,其间有交叉与互动,也有相互认同和彼此的抗争,从而形成了某种特殊的文学现象——边缘性(跨国性)的文本。这种边缘性的文学文本,特别是发生在"中日""中韩"这样与周边国家复杂关系背景下的作品,历来很少受到中国研究界的重视,除了上述"颠倒的东方主义"式文学价值观作祟之外,还在于我们缺乏观察和分析这种"关系史"的自觉意识和有效方法。从这个意义上讲,《"国民作家"的立场》以"民族国家"为视角,在"一国文学史"的主流研究路径之外,开拓出文学"关系史"研究的新领域,其学术创新的价值毋庸置疑。

与此同时,还有一个值得深思的问题。在民众包括作家被高度"国民化"的时代,文学生产严重受到"国家意志"和战争意识形态的制约,反映人类普遍意识和人性的不朽文学作品难以产生,这恐怕正是《"国民作家"的立场》所处理的那一段中日文学关系史中都是"边缘性"且缺乏思想深度的文学之原因。即使作为"战争文学",中日两国虽然经历了你死我活的争战却基本没能催生出真正伟大的反战文学，有的却是直接为"国家意志"和战争服务的粗糙浅陋的"国民文学"。从这个意义上讲，我们不仅要反思那段两国不正常的国家关系，还应该对帝国主义征服世界的战争，连同现代民族国家这一制度本身做出进一步反思。由于讨论课题的范围所限，《"国民作家"的立场》对此并没有更多涉及，但无疑给我们提供了深入反思的材料和逻辑理路。

怀着喜悦和兴奋的心情读完《"国民作家"的立场》一书，我感到这的确是近年来少有的关于中日文学关系的开拓性著作。该书不仅在方法论上确立起观察文学的"民族国家"视角，包括运用互文性方法揭开文学深层的文化政治意识形态隐喻的解读程序，而且为我们暗示了一条透过"边缘性"（或跨国性）的文学作品和"事件"进入呈交织状态的中日近现代关系史的路径。我们甚至可以沿着这条路径将"关系史"上推到日俄战争乃至明治初年，观察黄遵宪、梁启超、章太炎、鲁迅等与日本的关系，也可以向下延伸，去追寻鲁迅如何进入"二战"后日本思想史的语境，以及20世纪末"村上春树现象"出现于中国的原因。当然，如此将"关系史"上下扩展，或许仅用"民族国家"的视角和互文性概念已经远远不够，需要寻找更适合的视野。但总之，一旦摆脱了西方传统比较文学特别是文明传播论式的"影响比较"框架，就会开拓出进入"关系史"深层的新方法论路径。我还想到，也可以将文学关系史扩大到留学精神史和文化交涉史的领域，以丰富对中日近现代关系的理解。像严安生先生此前出版的《日本留学精神史——近代中国知识人的轨迹》（岩波书店1991年版）那样，延伸至20世纪80年代以来中国第三股海外留学热潮中的当代留日精神史。

2006年6月

（原载《读书》2007年第12期）

文学编年史与阅读的解放

2013年，有多部与中国现代文学相关的编年史问世。例如，中国社科院文学研究所的刘福春编《中国新诗编年史》（人民文学出版社版）、卓如和鲁湘元主编《二十世纪中国文学编年》（河北教育出版社版）、张大明所撰《中国左翼文学编年史》（社会科学文献出版社版）。除此之外，北京大学出版社也隆重推出了钱理群任总主编的三卷本《中国现代文学编年史——以文学广告为中心》，相关的研讨会和座谈会也在同年陆续召开，在京城仿佛掀起了一场不大不小的"编年史热"。我们该如何解读这种现象，这些编年史与以往的文学史书写构成怎样一种关系，我们应该给今天的读者提供怎样的有关文学历史的阅读文本，中国现代文学的学科建设应如何进行才能符合时代的要求……这一系列问题，似乎到了可以认真讨论的时刻了。

对"五四"以来的新文学加以经典化，大概始于该文学诞生仅仅十余年的20世纪30年代。中国现代文学史的系统编撰，则在中华人民共和国成立后的大学教育将中国现代文学确定为一个独立学科以后。于是，自王瑶、刘授松等早期一代学人的文学史著作问世以来，随着社会变迁的跌宕起伏，文学史（教材）编撰和出版的大潮尽管有几度低谷，却在总体上呈现出一浪高过一浪之势，其中也有鱼目混珠之作。时至今日，公开出版的中国现代文学史著作大概不下百种，而大浪淘沙，又有几部经得起时间的洗刷和历史的考验呢？中国是有着悠久史志传统的国度，而受到欧洲19世纪科学实证主义的影响并形成"新史学"传统，则是在20世纪。欧洲现代史学作为一个观念体系，其基础在于社会进化论，其最终目标是为现代民族国家或新兴政治力量提供意识形态基础。受其影响，中国的新史学也基本上以进化论为根据，并在后来因唯物史观和苏联史学的引进而形成了马克思主义史学传统。这个传统，到20世纪60年代逐渐演变为庸俗社会学和直接为政治服务的影射史学。因此，新中国第一代学人比较开放的现代文学史叙述，也逐渐演变成封闭的体系而遇到危机。这与20世纪80年代改革开放之后新的文学史编撰和"重写"热潮的迭起，或者说文学史多元叙述的局面恰成鲜明的对照。

然而我注意到，不管是20世纪60年代渐趋庸俗社会学化的新文学史，还是新时期以来多元化的现代文学史叙述，它们仍是作为一个整体连贯的学术传统而成为学术界主流的。例如，在新时期第一波"重写"的热潮中，上海文艺出版社于1987年同时推出的《中国现代文学三十年》（钱理群等）和《中国新文学整体观》（陈思和）

两书，不约而同地在书名中隐去了"史"。这似乎意味着对以往"历史观"的怀疑或悬置，但并没有抛弃文学史叙述本身。他们依然有强烈的对文学发展予以总体把握的历史叙述欲望，庸俗社会学和政治性被有力清除的同时，社会进化论和唯物史观的基本架构仍然没有发生根本改变，文学历史朝着一个必然的方向发展，"作家—作品—时代"构成三位一体的关系结构，这样一种思维方式依然健在。也就是说，要向读者从观念和意识形态的总体上给出一个文学发展的系统说明，这样一种历史意识始终占主导地位。

不过，王瑶、唐弢等老一辈学者讲究"论从史出"而注重基础史料建设的态度和努力，也始终作为一股潜流存在着。例如，中国社会科学院文学研究所自现代文学研究室创立以来，一直注重基础史料的编撰和出版。他们积极参与陈荒煤、许觉民主持的《中国现代文学史参考资料》、《中国现代文学史资料汇编》（后列入国家第六个五年计划哲学社会科学重点项目）。其中，包括《中国现代文学运动·论争·社团资料丛书》《中国现代作家作品研究资料丛书》和《中国现代文学书刊资料丛书》三套。当时曾计划推出两百种，但至20世纪末出版了八十余种后便告中断。2013年悄然出现的这场不大不小的"编年史"热，应该就是这一潜流的再次浮出地表。中国现代文学学科建设原本是应该兼顾基础史料积累和文学史叙述两方面的，而且文学史书写也应当坚持开放的形态。我以为，这场"编年史"热未必是有意识地对抗"文学史"的"霸权"，但接近历史原生态的文学编年，的确有解构不得要领的各类大学中国现代文学史（教材）书写的功效。至少，它可以促使我们反思当今文学史的某种弊端，甚至给读者带来新的阅读解放——从各种体系化和意识形态化的文学史叙述中解放读者的想象力，让读者体验更为丰富更加有趣的文学百态。

2013年10月31日，在京郊召开了"文学编年史"座谈会。其中，作为《二十世纪中国文学编年》主编之一的卓如先生所做的情况介绍值得关注。据说，这部编年史的编撰始于20世纪80年代，历经三十年时光才告完成。当初，学术界"以论带史"的倾向占据主流，甚至与"以史带论"的主张有过论争，同人们有感于历史观先行的弊端而产生了编撰文学编年史的意向和计划，并得到前辈学者唐弢先生的大力支持。他们试图将自己的观点想法放到材料里，以时间为轴线客观地展现20世纪中国文学的复杂形态。在申报国家社科基金之际，亦得到王瑶先生的充分肯定；同事樊骏先生则一条条地审读批改"样稿"，可见老一代学者对此的重视和奖掖。该编年史由十人组成编委会，聘请多位国内专家撰写词条，是当今时代难以做到的大规模集体创作的结晶。将近三百万字的篇幅，收录一千六百五十二位作家作品而编成上万词条，的确做到了还原历史原生态和以时间为轴线展开叙述的形态。刘福春的《中国新诗编年史》和张大明的《中国左翼文学编年史》，虽是由个人编撰，但一样呈现出规模浩大而内容丰富的开放形态。

我以为，这样的编年史是有解构以往各类体系化观念化之文学史束缚的巨大功能的。它将原始的材料按时间顺序排列，更自然地消解了以往文学史中对作家作品的等级化叙述，而"作家—作品—时代"三位一体的僵硬格局也得到某种程度上的破解。在这个意义上，我说编年史具有解放读者想象力的巨大功效。与此同时，编年史注重原始材料和历史的客观性，它为文学史研究中的实证方法提供有力支撑。这对我们今天应对理论爆炸和方法论盛行的学术界现状、重提实证主义科学态度，也有所帮助。至于未来，我们如何在学科建设时兼顾基础史料的积累和多元开放的文学史书写，从而为新时代的读者提供更丰富、更有趣的文学历史知识，恐怕还需要进一步深入思考。2013年出现的"编年史"热，无疑为我们提供了思考的契机。

2013年12月

（原载《文学评论》2014年第3期）

原版影印与流动的时代
——《鲁迅著作初版精选集》出版感言

中央编译出版社隆重推出《鲁迅著作初版精选集》（全22卷），这无疑是2012年度中国出版界和鲁迅研究界的一件大事。原版影印、毛边装帧、封面依旧、限量出品，何等的讲究！它自然会成为如今悄然兴起的收藏热衷版本藏家的关注焦点。我作为一名鲁迅著作爱读者，兴奋点又在别的方面。记得几年前从孙郁先生那里得到其大作《鲁迅书影录》（东方出版社2004年版）时就曾眼前一亮。书中收录了鲁迅著译单行本的几乎所有书影（略感遗憾的是没有《自选集》和《集外集》），而且配以那娓娓道来的解释性文字。我边观赏书影边阅读这些文字，仿佛自己也回到了鲁迅在世的那时代。鲁迅就好像坐在北京西三条的"老虎尾巴"书房中，或在上海大陆新村的寓所里，手持香烟、来回地踱步，而我则在同一个城市或某处捧读他的印制朴素讲究的单行本——那感觉就好像穿越了历史累积下来的层层蔽障，而与作者之间获得一种心灵呼应的效果似的。我想说，原版影印的鲁迅著作对于一般读者或研究者来说，其最大的魅力就在于它会将我们带到鲁迅写作和思考的那个流动而瞬息变化的时代氛围和社会环境中，从而产生别样的阅读体验，加深我们对鲁迅的认识和理解。

我们这一代人，自上大学开始接触鲁迅的著作，主要利用的是新中国成立以来作为国家事业而陆续推出的几种不同版本的《鲁迅全集》，包括人民文学出版社时常推出的简朴的单行本。后来被整理出版的《鲁迅全集》的确为读者提供了诸多方便，包括文字的勘误、作者生前未刊文字的汇集，以及倾全国研究者之力精心打造的注释等，实在是功德无量的事业。可是它也因两点缺憾而无法十全十美，一是虽保存了原版书籍的内容却抹消掉了它当初的形式；二是研究者呕心沥血所做的注释，偶尔也有无法提供准确客观的知识之虞，尤其是在20世纪大动荡的革命中国。这不单单指政治性的干扰，还包括天翻地覆般的社会转变造成的时代隔阂和资料的遗失。因而，如果只依靠后来者编辑的《鲁迅全集》来阅读鲁迅，也可能会阻碍读者与作者之间更亲密无间的沟通。当然，时间奔流不息，社会瞬息万变，后代的读者要想与前代的作者保持零距离，几乎是一种不切实际的奢望，而《鲁迅著作初版精选集》则多少可以弥补这种缺憾。

这里，我不殚被讥为吹毛求疵，斗胆举一个小例子以说明《鲁迅全集》注释的小失误会导致读者失去历史感。据"鲁迅日记卷"1923年1月7日项下记载："下午丸山君来，并绍介一记者橘君名朴。"1981年版《鲁迅全集》第15卷的"人物注释"曰："橘朴（1880—

1945）日本人。中国问题研究者。当时任北京《顺天时报》记者。"这一条简短的注释中就出现了两个错误：此人的出生应为1881年，与鲁迅同年；其任职应为当时的日文报纸《京津日日新闻》主笔，而非《顺天时报》记者。2005年新版《鲁迅全集》的相关注释，虽然改正了出生年的误记，但任职仍被错误地注为《顺天时报》。

我以前关注鲁迅与日本人的关系，虽读到这条注释，但未曾深究。曾以为橘朴这位日本人就是周作人在20世纪20年代所激烈批判过的那家同情清朝帝制、专以敌视中国革命、时常以造谣惑众为能事的日文报纸《顺天时报》的记者呢，错以为他也是一个"大陆浪人"或"支那通"式的浅薄之徒。直到阅读了大量日本方面的相关资料文献后，我才了解到此人乃是20世纪前期日本最重要的中国问题观察家之一，其成就远非那个时代走红的所谓"支那通"所能比肩。1923年1月7日，橘朴在丸山昏迷的陪同下走访八道湾周宅。与鲁迅的一番长谈，不仅深化了他对五四新文化思想领袖的了解，而且加深了对中国人道教信仰的认识。后来，增田涉在上海时曾提起橘朴，鲁迅则风趣地说："此人比我们中国人还了解中国"。（增田涉：《鲁迅的印象》）而查1936年8月29日的鲁迅日记，可知鲁迅曾特意从内山书店购得橘朴那时刚刚出版的两部著作《支那社会研究》《支那思想研究》。无论从对中国社会历史的认识来说，还是从中日文化交流的角度而言，"鲁迅与橘朴"都实在是一个值得深入探讨的研究课题。

回到正题，这套《鲁迅著作初版精选集》确实令人喜爱！我从函套里抽出一本本原封原样的初版本摆放在眼前，一面感到其印制的考究——尤其是前期的《彷徨》《坟》《野草》和《朝花夕拾》初版封面设计的独特精美，一面觉得自己仿佛顷刻间被带到20世纪20年代中国那激荡、凝重而又"彷徨"的社会氛围里。当用切刀划开毛边的书页时，竖排繁体的文字顷刻映入眼帘。这真是一种读书的享受！于是我想到：书籍的内容固然重要，而那外在形式的"刺激"也绝非可有可无的。

总之，作为一个鲁迅著作的爱读者，我说不出什么大道理，只是表达一点儿自己的喜悦和感言。同时，我也想建议今天的读者，在《鲁迅全集》的旁边再放一套《鲁迅著作初版精选集》，那该不是多余的。

2013年1月

（原题为《〈鲁迅著作初版精选集〉出版感言》，载《鲁迅研究月刊》2013年第1期）

周氏兄弟与日本

拙著《周氏兄弟与日本》自 2006 年着手写作至 2011 年定稿历经四载。实际上，早在留学日本准备博士论文《周作人与日本文化》的 1994 年前后，我便开始涉足这一课题，算起来已有十六年的光景了。这本书里的上编部分"鲁迅在日本"共五章与下编部分"周作人与日本"的最后两章，是后来的研究成果，而下编的前四章则为博士论文的主体部分，这次经过调整增补并由我自己译成中文作为下编部分的主要内容构成。一本二十余万字的研究专著前后花费了十六年的光阴，我的感慨则在于：即便如此仍然未能穷尽该课题的全部，而引导、扶助过我学术成长的前辈师友等，却一个个或成道作古或悄然引退或改从他业，如今他们的面孔身影再次浮现于我的眼前，遗憾和感激之情不禁油然而生。

我一直认为，周氏兄弟的思想和文学有两个精神原乡，一个是他们的故乡绍兴，其先贤及其人文风土所构成的千年文化底蕴，滋养了他们时而疾风暴雨，时而温柔敦厚的人格和文学风骨；另一个是日本，特别是传承着近世三百年江户文化风流并摄取西方文明风气之先的东京，其人文、地理、思想、文化所构成的异域风景，给周氏兄弟后来的人生发展以长久的影响。因此，要了解代表"五四"以来中国文学思想最高水准的这一对兄弟，深入考察他们与日本的复杂关系，便成了一项不可或缺的重要课题。然而，这两兄弟对日本的态度却大相径庭。鲁迅虽有七年留学的经历和众多的日本友人，可留给他的不是孤独屈辱的仙台记忆就是寂寞难耐的东京印象，一生中很少谈及对于日本及其文化的观察体验。但是，作为中国现代最杰出的文学家，鲁迅却给予"二战"以前诸多日本作家和战后几代知识人以深刻广泛的影响，其程度远远超过了任何一位亚洲作家。周作人留学日本六年，不仅深爱其岛国的文化并身体力行加以研究，成为现代中国久负盛名的"知日派"。或许正因为如此，他没能挣脱由日本帝国主义发动的那场侵略战争的纠缠，而最后成为与敌合作者。在日本，虽然理解喜爱周作人的不在少数，但对他的相关研究却远远不及鲁迅。

鉴于上述周氏兄弟与日本复杂而迥异的关系，我首先考虑从周作人与日本文化思想的诸种关联入手，基于历史材料和实证分析加以梳理，采取的是西方传统比较文学研究中"影响比较"的路数，但仍力争摆脱西方"文明传播论"式的"冲击与回应"模式，试图进一步涉及同为非西方之亚洲国家的中日间文化思想撞击和互动的复杂关联。具体而言，这涉及周作人与日本民俗学、与同时代邻国作家文人的交流，以及渗透在他的日本文化观中的明治泛亚洲主义和大正古典学复兴等思想要素。遗憾的是，尽管周作人与江户时代的平民文学和俗文化有密切关联，却因问题的复杂重大而未能在拙著中予以充分的考察。

其次，如何处理"鲁迅与日本"这个课题，也使我颇费了许多思虑。由于此前中日学者对这个问题已有深入的研究。例如，日本有伊藤虎丸《鲁迅与日本人》（1983）、丸山升《日本的鲁迅研究》（1986）、北冈正子《鲁迅——救亡之梦的去向》（2006）等，中国则有刘柏青《鲁迅与日本文学》（1985），等等。因此，拙著主要从跨国的影响与传播的视角，重点讨论鲁迅"在日本"作为同属于东亚的文学家、思想家而被理解并产生深远影响的过程。这原本应该包括两个方面，一个是自20世纪20年代以来从佐藤春夫、太宰治、堀田善卫到战后的大江健三郎、井上厦等文学家对鲁迅的接受；另一个是"二战"后以竹内好为开端的、众多日本学者对鲁迅的丰硕而杰出的学术研究。不过，限于资料和学力，拙著只就后一个方面进行了讨论，而前一个日本作家与鲁迅思想文学的互动问题，则只好留待日后了。

十六年间，我为了解"周氏兄弟与日本"的关联而往返于中日两国之间上下求索，尽管所获得的成就实在微薄，但不能忘怀那些指导扶助过我这一研究课题乃至整个学术人生的诸多师友。首先，是吉林大学硕士研究生时期的导师刘柏青、刘中树两位先生。特别是最早开拓中国现代文学与日本之关系研究而贡献卓著的柏青先生，他严谨了一生。其唯一的专著《鲁迅与日本文学》，无疑是促使我开眼看日本的第一个向导。其次，是留学日本攻读博士学位期间的导师木山英雄先生。木山先生作为日本战后秉承竹内好鲁迅研究传统而开拓了周氏兄弟研究新局面的一代学人，其深邃学养和独特人格我未能学得一二，但他十年教诲，特别是在这一研究课题上所花费的心血却铭刻在我的心中不能忘怀。同时，还有与木山先生同代的两位日本鲁迅研究大家——丸山升和伊藤虎丸先生。如今，丸山先生和伊藤先生已经作古，但留学期间给予我的亲切指导和奖掖，伴随着他们的音容笑貌依然时常在记忆中浮现。在拙著第一部分，我花费了一半的篇幅重点讨论了上述三位日本先生的鲁迅研究。他们已经成为"二战"后日本的中国学辉煌历史的一部分。我在将他们作为研究对象历史化的同时，也向他们表示了我的一份敬重和谢意。

2011年2月
（收入《周氏兄弟与日本》，为人民文学出版社2011年版"后记"）

大时代与思想者
——"钱理群作品精编"系列出版座谈

听了孙郁先生的发言,我有点儿后悔自己没有准备成稿。这几天一直在读钱老师的作品,但至今仍然总括不起来。因为他的作品很多,思想视野又极富宽度和纵深感,我一时还很难获得一个总体的把握,所以只是想就钱老师的鲁迅、周作人研究和他后来的学术包括社会实践的关系,即钱老师怎样传承了周氏兄弟所代表的"五四"精神,谈一点儿自己的想法。

我1984年开始读研究生,硕士论文的研究对象选的是周作人。可以说,我一直是在钱老师的学术影响和"笼罩"下从事研究的。他是我非常敬仰的前辈师长,但今天我想把钱老师作为研究对象,因此请允许我直呼其名。钱理群的学术原点在他的鲁迅、周作人研究,这恐怕是毋庸置疑的。我当初觉得他的周作人研究始终把周作人和鲁迅挂在一起考察,往往批判比较严厉。可是最近我又读了他后来的作品,比如天津古籍出版社的那本《读周作人》(2001),特别是书中"后记",让我发现他是以这样深情的句子来讲自己在20世纪90年代的学术思想兴趣的转移的:"在作出了学术上的自动转移以后,我仍然无法在精神上与周氏兄弟告别。特别是鲁迅,他事实上成为八九十年代的思想、文化大变动中我必须坚守的基本思想阵地。而周作人,由于我的灵魂深处存在着与他内在的相通,在八九十年代的思想氛围中,我也时常有与他沟通的欲求。"

读到这里,我以前的印象开始发生变化。的确,我们看20世纪90年代以后钱理群的作品,比如对"五四"以来的自然人性论的深度开掘,对个人主义、独立知识分子的人格形成,这样一些议题的展开,我感觉背后都有周作人的思想在支撑,而不仅仅是鲁迅提供了思想资源。我还发现,20世纪90年代以后钱理群的学术研究方向有所转移,但实际上鲁迅、周作人依然是他讨论的话题。比如,1999年出版过《走近当代的鲁迅》《与周氏兄弟相遇》,2001年有《读周作人》出版,2003年由生活・读书・新知三联书店刊行过《与鲁迅相遇》。

我想周氏兄弟应该是"五四"以来中国知识分子相当高境界的代表。以深耕细读周氏兄弟为起点从事学术研究和思考活动的钱理群,可以说在理性思维方面更多的是继承了鲁迅那个传统。比如,在20世纪80年代中国鲁迅研究大转折的时期里,钱理群提出从《野草》出发研究鲁迅的心灵辩证法和他的哲学,这在学术史上有相当重要的意义。他在《心灵的探寻》一书中提出的"历史中间物"议题,又带动起对鲁迅"反抗绝望"式战斗精神的重新理解和把握,以及知识分子如何从反省意识出发而坚持解剖社会的立场。实际上，这些给后来钱理群的主体投入式学术研究和社会实践提供了一个重要的思想依据。当时让我印象非常深刻的还有读到讲鲁迅的"心灵辩证法"之际，钱理群提出单位观念和单位意象的分析方法。

把鲁迅精神深深接续到当代中国的历史语境中来，以鲁迅为标尺和参照来批判和反省大时代的种种问题：革命、建国、社会主义体制、个人与民族国家、自由民主，等等；把"五四"传统转化成思想斗争的资源和力量，坚守知识分子的独立思考和批判的立场，在钱理群这样的社会实践中，我们始终可以看到有鲁迅的影子在。

关于周作人，我首先要表示一点儿小小的不满。"三联书店"这次出版"钱理群作品精编"，为什么没有选《周作人传》？我个人认为，这部著作更精彩更有意味。这次重读该书，我感到钱理群对周作人有一个很深很深的体会。比如，书中的第七章第七节"风雨故人来"，选择1934年从东京外游回来的周作人在同年9月以后的一系列活动。由此展开周作人如何怀念老友刘半农，如何在苦雨斋迎送新老朋友，最后又是怎样在苦雨斋的寂寞和苦境中重读中国的典籍，包括他所讲的中国传统思想中的不灭之三灯——王充、李贽、俞樾。

实际上，1934年正处于战争与革命山雨欲来的大时代。周作人作为那个大时代的知识人也陷入了深深的苦闷，但是他在苦闷和苦读中，走上了一条与鲁迅不同的路。他从"十字街头"回到"象牙之塔",在求知解惑、冷眼观察中将东西方知识化成思想的智慧,写出一篇篇优雅的文章,坚守住知识分子借学术知识来思考中国现实问题的专业立场。钱理群对这一章写得十分投入,而且体会到了周作人非常深的作为现代中国知识人既苦闷、挣扎又要往前走的心境。这里就涉及周作人的一系列思想特征。比如,他一再强调的凡人的态度与孤独的智者,或者"爱智者与传道者"的有机结合。这些对知识分子人格独立的坚守,通过将知识化成思想智慧去参与对社会问题的思考,作为"五四"另一面的精神传统,是不是也在钱理群那里有继承和发扬呢?这是我重读《周作人传》的一个感受。

我上面讲过,钱理群早期对周作人的批评比较严厉,但他的批评有些是相当深刻和准确的。比如对20世纪40年代的周作人,他提出一个概念叫"官僚化思维",我对此印象非常深刻。也就是说,在周作人走向深渊以后,他不仅在政治上出现了问题,而且在思想和文学创作上,都留下了"官僚化思维"的印迹,这是一个值得进一步深入探究的议题。

这里我主要想强调,钱理群以独特的笔致将1934年已年过半百的周作人写活了,写出了独特的味道。我算了一下,在1989年写《周作人传》的时候,钱理群也正好五十岁。五十岁的作者去写年过半百的周作人,有一种深度的心灵撞击和契合。或者,就是钱理群所说的

"时常有与他沟通的欲望"这样一种境界吧。因此,我觉得在钱理群的整个学术研究和思想实践中,既有鲁迅深深的影响痕迹,也有周作人的精神追求。

总之,钱理群能够以鲁迅和周作人为学术和思考的原点,走出一条独自的道路。应该说,这是一条源自"五四"文化精神而深深扎根中国历史本土的独创之路。刚才,孙郁先生提到钱理群主要是根据本土的中国历史经验来思考问题。的确,他和我们现在的学者多依靠西方知识和外来理论讲话是不一样的,这里面有钱理群的独到之处。当然没有域外思想资源的参照,也可能是他的一个缺憾。钱理群所走的这条道路,抓住了20世纪中国的核心问题:革命、社会改造和知识分子问题。他在"反抗绝望"的过程中能够坚守批判的立场,在孤独痛苦的思索中追求知识分子独立的人格,从而成为当代中国非常具有批判意识和影响力的人文学者。在这些方面,我们都可以看到他从起点上对鲁迅、对周作人的批判性继承和发扬。

最后我再说一点。关于钱理群在学术和思想方面所达到的成就,以及在未来怎样继承和发展的问题。我们前一段在海口开了一个会,戴锦华老师的发言很震撼,她讲什么是"大时代"。她认为,今天的大时代就是生物技术发达、信息爆炸、大数据时代。大数据时代的一个重要变化是不再追求事物的因果关系,而只注重描述。我们知道,启蒙运动以来的我们这个时代,因为有这样一种对事物因果关系的追求，才培养了反思的力量，才有了整个近代思想运动的展开。如果 21 世纪新的大时代没有了对因果关系的追问，那么 20 世纪中国那种反求诸己、在反思和批判中重建文化的"五四"精神——这一份中国知识分子的遗产，包括钱理群和我们五十岁以上这一代人所做的工作，在 21 世纪的青年人那里会被怎样评价？当然这是一个大问题，今天可能不会有答案。总之，我很感谢生活·读书·新知三联书店能够及时推出"钱理群作品精编"，为与下一代对话建起一座桥梁，实在功德无量。

2014 年 12 月

大时代与历史观
——读小川利康《叛徒与隐士：周作人的 1920 年代》

在日本的中国文学研究界，鲁迅是显学，而周作人则不然。这里有特殊的原因，"二战"后日本学人不愿意碰触周作人，主要是因为在日本发动的那场侵略战争中周作人成为汉奸。尽管数量少，但从 20 世纪 70 年代开始到小川利康先生于 2019 年出版的这部著作为止，在日本依然有五部周作人研究专著问世。第一部是 1978 年木山英雄先生撰写的《北京苦住庵记——日中战争时代的周作人》，这部书由我翻译，2008 年在生活·读书·新知三联书店出版中译本；第二部是留学东京大学的刘岸伟先生于 1992 年出版的《东洋人的悲哀》；第三部是东京大学的伊藤德也先生著于 2012 年的《生活的艺术与周作人》，讲的也是 20 世纪 20 年代的周作人；另外两部则为留日学人所著，一本是于耀明的《周作人与日本近代文学》，还有一本是吴红华的《周作人与江户庶民文学》。虽然不多，但是都很精致。

我在 2019 年 4 月就收到了小川先生的大著《叛徒与隐士：周作人的 1920 年代》（平凡社 2019 年版），为了这次读书会（2019 年 6 月 27 日，在北京鲁迅博物馆旁的鲁迅书店所举办的"大历史1920年代:十字街头的周作人"学术沙龙活动),最近又认真地拜读一遍,感觉非常有味道。首先要说明的是,活动的题目是我起的,感觉这样的题目可以呈现本书的内涵和视野。该书详述周作人在那个大时代,从留学东京一直到1927年,他的前半生是如何走过来的。叙事围绕两条线索展开,一条是周作人与日本的关联;另一条是从托尔斯泰到布莱克、蔼理斯这样的欧洲文学脉络。虽然没有标榜所谓的"比较文学",但小川先生是把这种方法渗透在一步一步的文本细读和史实考证中的,因而重现了大历史。也就是说,到1927年为止的周作人,作为五四新文化运动的一员健将,在大历史中有各种发展可能性,而他在东西两洋的文学历史发展中,寻找到了自己的立场。

《叛徒与隐士:周作人的1920年代》一书还处处流露出日本学者的实证研究特色和东亚视角。比如,在论述周作人早期"人的文学"观念时,作者从武者小路实笃和新村运动讲起,注意到周作人对此是有所取舍的。其中,关于新村运动有三个面向,包括理念、实践以及武者小路实笃捐出财产贡献给日向新村。对于这最后一项的实践行动,周作人并没有介绍,虽然他在理念上接受了新村主义,甚至新村主义影响到了毛泽东。就是说,在实际操作层面,周作人并没有像武者小路实笃那样身体力行地往前走,这就导致了他后来远离新村主义,最终走向了"自己的园地"。小川先生从东西两洋这样大的历史脉络描述周作人文学观和思想立场的形成过程，同时又以非常细致的文本解读和实证研究方法分析周作人与日本的关联以及差异，包括周氏兄弟对日本思想文化接受方面的"时间差"问题，其论述都相当地精彩而有趣。

我在阅读本书的过程中一直思考着一个问题，倘若将20世纪20年代世界的大历史背景和周作人后来的思想抉择相关联，那就有一个周作人与蔼理斯的关系以及其历史观问题。小川先生在著作的前一部分涉及周作人与蔼理斯的关系，第四章又回过头进一步探究，可见是相当重视这个问题的。蔼理斯是英国的性心理学专家，被誉为"最文明的英国人"。自19世纪末以来，他写了一系列两性心理学的著作以推广现代科学思想。同时，他又是个文艺批评家，以英国文人特有的不偏不倚的中庸态度观察世界和人类自身。他的性心理学、道德伦理观乃至其背后的人生观和历史观，都引起周作人极大的兴趣。小川先生从他年轻时就开始研究周作人与蔼理斯的关系，这也构成了这本书的一大特色，即不仅讲述周作人与日本，还跨入西方思想在东亚传播的脉络里，从而更充分地把20世纪20年代大的思想文化背景呈现出来。

我最近在读社会人类学家韦斯特马克的著作。此人也是周作人不断提及的给自己以深刻思想影响的西方学者，他研究道德观念变迁的历史，有《人类婚姻史》三大册著称于世，与蔼理斯同时代且秉持共通的"文明精神"。回过头来，我再仔细地看周作人是如何接受蔼理斯思想的。我觉得现在学界有个看法，就是1927年前后周作人开始走向悲观主义，从激进转向保守，而形成了悲观宿命的历史循环论。周作人此时不断引用蔼理斯的相关论述而对激进的进步史观提出质疑。可是，我觉得蔼理斯并非一个历史循环论者，与韦斯特马克一样，他只是强调社会和历史的常在变化，不能抓住保守的东西坚持到底，也不能太过偏激，最好秉持比较客观持中的立场以推进社会的逐步改良。蔼理斯的历史观更接近于源自古希腊而流行于当时欧洲的"流动的历史观"。这和进步史观不同，但也非历史循环论。我觉得，周作人是受到英国思想特别是蔼理斯和韦斯特马克的刺激，而在循环史观和进步史观中间找到了自己的位置。有时偏向于悲观论者，有时甚至有历史循环论的倾向，但从整体上看也是一种变化的流动史观。

此外，关于周作人与20世纪20年代日本文学界、思想界的关联，我觉得是非常深厚的，其中也包括他对日本的批评。周作人这样的文章很多，主要写作于1923年到1926年期间，如对日本浪人、"支那通"的批判等。后来，他认为那些文章浮躁凌厉而缺少温柔敦厚气，故没有收录到文集里。小川先生的大作，讲周作人如何接受"新村"的理想，背后又呈现了俄国十月革命给周作人的"恐惧"，还有大杉荣被害等日本国家镇压社会主义者的典型事件。小川先生在书中谈周作人思想的演变过程时，作为政治背景而呈现出了"1920年代大历史"的特征，是非常成功的。实际上，20世纪20年代还是两次世界大战之间的二十年和平期的开始，1922年华盛顿会议后日本在外交政策上选择了与欧美协调的路线。当时的中日关系虽然麻烦不断，但也基本保持和平状态，直到"九一八"事变爆发。这期间，周作人与日本的文化交流还是很多的，包括他对日本的严厉批判。我殷切期待小川先生未来进一步从思想、政治、国际关系的层面，对周作人做出更深层的研究。

2018年7月

在世界主义与民族主义之间
——"五四"以来周作人等的语文改革观

一场小讨论引出的大问题

1936年,胡适主编的《独立评论》曾出现一场小范围的有关国语与汉字改革的讨论。当时任教清华不久而意气风发的青年语言学家王力(笔名了一)此前便发表过《国家应该颁布一部文法》,呼吁国民政府制定并颁布一部标准的文法,以改变国语改造无标准可依的局面。进入1936年王力继续发文讨论相关问题,如《中国文法欧化的可能性》(载《独立评论》第198号)、《汉字改革的理论与实际》(载《独立评论》第205号)等,从中国人语言生活的实际入手寻找汉语规律,提出"文法欧化"——缜密而体系化语法建构的具体主张。这中间,有刘学浚《中国文法欧化与国语罗马字》(载《独立评论》第200号)一文刊出,对王力前文中不满意国语罗马字又嫌拉丁化新文字"依然不算好"的观点提出异议,认为国民政府以前颁布的《国语罗马字拼音法式》(1928)"已经立下了我国拼音文字的根基",不必另起炉灶制定，并指出王力参考欧洲各国语言而拟定的汉文文法仍多有容易引起误读之处。

语言文字改革、汉字拼音化、汉语文法的建设，这些都是"五四"以来言文一致之俗语革命乃至20世纪30年代拉丁化新文字运动中出现的重要问题。也许是感到有深入这一讨论的必要，主编胡适特邀周作人发表见解。于是，就有了两人书信形式的文章《国语与汉字（讨论）》发表于《独立评论》第207号（1936年6月28日）。周作人的来信撇开王力等有关文法和拼音方案之类的具体论争，开宗明义直指汉字国语有强化中国民族意识和国家认同的作用，问题的关键不在于如何改革汉字或用拼音文字取代汉语，而是要扩大现行白话国语文的利用范围和传播力度，以应对民族危亡时局下凝聚人民思想感情的课题。这种主张强有力地凸显出了汉语汉字的政治性和历史性，从实际方面确认了白话国语在维系民族国家独立上的重要作用。作为"五四"文学革命和言文一致俗语运动的共同倡导者，胡适自然理解周作人所提问题的重大，故在复函中不仅表示完全赞同，而且批评王力文章举例土耳其说明"文字改革与民族主义无关"的错误，点明周作人所言"有强化中国民族意识之必要"的目的在于应对"国家疆土被分割侵占"的现实状况，因而同意其利用"白话汉字国语文"来作为联络整个民族感情思想之工具的观点。

胡适对这一讨论好像意犹未尽，特意在该期《独立评论》"编辑后记"中提到周作人的观点,并表示"盼望能得着国内研究语言文字的专家的考虑和讨论"。但后来不知为何,这一讨论似乎没有下文。我之所以关注这一小小的、早被遗忘的讨论,其原因有三:一是周作人在中日开战前后的思想变化,即从对政治国家的认同转向对文化民族包括语言问题的关注,成为其日后"落水"附逆的思想逻辑依据;二是周作人的语言文字改革思想,包括从清末民初以来到抗战爆发前后的发展以及始终不变的基本立场,这涉及他对文学语言、传统文化乃至民族国家的认识;三是周作人虽非"五四"言文一致俗语革命的主要倡导者,也没有直接参与国语统一和拉丁化新文字运动等,但作为新文学的重要实践者,他对"国语改造"的意见从许多方面折射出20世纪中国语文改革的复杂面向,以及内在于其中的理论与现实、历史与逻辑的悖论。这些都值得展开详细分析。

一方面,晚清以来,随着西方文明论在中国的传播,知识分子中间普遍产生一种在改造社会和国家的同时追求人类大同的世界主义倾向,包括源自法国大革命的资产阶级世界主义想象和发端于欧洲社会主义运动中的国际主义在内。中国语言文字改革运动的发生受到这种思潮的影响,从一开始就形成了以拼音化为最终理念和改革方向的世界主义倾向。另一方面,从有上千年历史文化积淀的传统语言——汉字汉文的实际出发,根据国体、国民、国语三位一体的现代民族国家制度建构需要而及早建立民族认同所必备的统一国语的要求,也促使了比较稳健务实的"汉字改而不废、保留现有汉语形态而辅之于拼音字母、逐渐形成白话国语文"主张的出现。我们可以称此为现实理智的语言民族主义倾向。需要指出,这种语言民族主义不同于主张文言不朽、汉字神圣的文化民族主义,它只是语文改革运动内部比较务实稳健的一派。

我初读周作人的相关文章,感觉他与后来坚持白话国语而反对以表音字母取代汉字的胡适,在观念上多有相近重合之处。也就是说,周作人的语文改革思想与胡适一样,属于坚持语言民族主义立场而务实稳健的一派。他和钱玄同、刘半农、赵元任等国语罗马字乃至后来瞿秋白、吴玉章、鲁迅等拉丁化新文字运动的倡导者,都大不相同。历史的吊诡在于,当年轰轰烈烈成为主流而具有世界主义倾向的汉语拼音化、拉丁化新文字等建议和方案,在今天仿佛已然成为过往的陈迹,而当时胡适、周作人等的观点之稳妥却被历史所证实。因此,有必要重新整理和回顾他们的语言文字改革观,以反思 20 世纪中国语文改革历程的曲折并思考汉字汉语未来的可能性。

我将以 1936 年这场小规模的讨论为切入点,在 20 世纪 30 年代中国语文改革大潮下,通过《国语与汉字(讨论)》一文的解读,理解周作人当时的国语汉字观。同时将时间向后延伸,观其战争期间对"汉文学"理解中所包含的语言民族主义,及其在被占领下做文化上"消极抵抗"的思想逻辑。之后，再将时间向前追溯，观察周作人"五四"以来"国语改造"基本理念及与后来的思想逻辑一贯性，并结合20世纪中国语文改革运动的众声喧哗，讨论其国语汉字改革思想的历史意义和理论价值。

民族危亡时刻的汉字国语观

在上面提到的《国语与汉字（讨论）》一文中，周作人对语言文字改革的思考，其重心在于强调现有汉字白话文的"利用"和"强化"而非改变，更不是以另外的文字取代之。其理由是相当具有政治性、现实性的。

首先，从理想与现实的关系出发，周作人的观点体现出其更为重视当时中国社会面临的问题。他说："用罗马字拼口语写出大众可懂的文章来，这不失为一个好理想……没有反对的道理，但是在正患肺病的时候，晒晒太阳，吃点鱼肝油，增加体内的抵抗力，实在也是必要，我说现在要利用国语与汉字，就是这个意思。"这里明显是针对当时声势浩大的左翼文学大众语和拉丁化新文字运动的现状而做出的发言。在坚持大众语拉丁化新文字的国际主义语言理念和从中国当时政治的实际需要出发这两方面，周作人的立场明显倾向于后者。

其次，他又说明道："用时髦的一句话说，现在有强化中国民族意识之必要，如简单地说，也就只是希望中国民族在思想感情上保持一种联络。"这里的"中国民族"提法很是特别。周作人的意思是："我不说汉民族，因为包括用中国言语的回满蒙人在内，不说中国人，因为包括东四省台湾香港澳门的人在内。……都受过中国文化的陶冶，在这点上有一种重要的连结，我就总合起来纳在中国民族这名称里面。"这个"中国民族"无疑是一个别有意指的词语，我们可以视此为表示"文化中国"的概念，甚至它比起国家所及的范围要远为广阔，是以汉语言文字的使用为范围的。这个"文化中国"超越了当时国民党统治下的"中国"，可以暂时把在政治上分离的人民联结起来，形成一种文化上的认同。将政治国家和文化民族暂时分别看待，实在是周作人抗战之前重要的思想转变，它直接关系着其战争期间的言行及其背后的思想逻辑。这一点，容后详述。

周作人接着以东北四省的沦陷为例，强调因武力而失去的国土只能以武力来收复，但"在政治上分离的，文化以至思想感情上却未必分离"。因此，"我们拿笔管的人"不必等中国武力的增强而可以从现在做起。在此，周作人从政治和文化两方面分析了当时中国的现实，认为当时东北四省的分离与台湾一样，完全是帝国主义武力所造成而非人民的自决，因此也只有靠武力来收复，而知识分子自然有其维护文化认同而强化民族意识的使命，即"把诚实的自己的意思写成普通的中国文，让他可以流传自西南至东北，自西北至东南，使得中国语系统的人民可以阅读,使得中国民族的思想感情可以联络一点,未始不是好事"。周作人十分清楚,单靠汉语文章未必能"替代武力而奏收复失地之功",但思想感情得到统一,就可以为国家再造和民族复兴打下基础。

到此,周作人终于亮出自己的基本观点:"我的意思是,语言用非方言的一种较普通的白话,文字用虽似稍难而习惯的汉字,文章则是用汉字写白话的白话文:总括一句,即是国语、汉字、国语文这三样东西。用方言,用拼音字,均不能通行,注音符号可以加在汉字旁边,或注中记音,很有用处,却亦不益单用。"周作人最后强调,自己这个意见"在中国近五十年以至百年中都可适用",除非中国的独立不保而沦为殖民地,那时或许会出现"拉丁化的中国方言"也是说不定,就像当时法国统治下的越南那样。到此,我们得以窥见,周作人内心深处对汉语拼音化和以拉丁化新文字取代汉语是不以为然的,但这未必是直接反对,只是不相信罢了。

以上是《国语与汉字(讨论)》一文中,周作人来信部分的基本内容。该文后半部分的胡适复函,则对周作人的观点表示:"但在这个我们的国家疆土被分割侵占的时候,我十分赞成你的主张,我们必须充分利用'国语、汉字、国语文这三样东西'来做联络整个民族的感情思想的工具。"胡适还自卖自夸地回忆起自己"五四"以来提倡白话文的一贯主张,强调:"我不信中国现在有了这种'社会的大力量',所以我不期望在最近百年内可以废除汉字而采用一种拼音的新文字。我又深信,白话文已具有可以通行的客观条件,并且白话文的通行又是将来改用拼音文字的绝对必要条件,所以我们在二十年中用力的方向是提倡白话文,用汉字写白话的白话文。"这里"社会的大力量",是借用王力《汉字改革的理论与实际》一文的说法,意指文字是约定俗成的社会产品,"只有社会的大力量才能改造它"。一如有学者已指出的那样,胡适对当时的拉丁化新文字运动也是不以为然的,认为这"不比他所提倡的以方块字写的白话文优越",而"从根本上说,他认为语言革命的主要目的是革文言的命,建立白话的正统地位,而不是以表音字母文字取代汉字"。(童庆生:《汉语的意义——语文学、世界文学和西方汉语观》,生活·读书·新知三联书店2019年版)

那么,上面提到的周作人将"政治国家"和"文化民族"暂时区分开来,用"中国民族"一词来定义"文化中国"的内涵,具有怎样的特殊意义呢?众所周知,抗战爆发后周作人没有随北平各高校的同人"南下",结果附逆"落水"成伪教育督办。有人曾指出,周作人自"九一八"事变以后相信"中国必败论",因此抗战爆发后有如此下场(郑振铎语)。然而,我在阅读他20世纪30年代的,包括这篇《国语与汉字(讨论)》在内的一些文章后,并从民族国家认同的角度分析周作人的思想逻辑时发现,抗战爆发前他对作为"政治国家"的国民政府可能有失望,但对作为"文化民族"的中国即"中国民族"并没有完全失去信心。这里，周作人有一个在民族国家认同上从"政治国家"向"文化民族"转向的过程，而以汉字国语来维系中国民族思想感情上之统一的观点，则成为关键。

也就是说，周作人上述对于汉字国语的历史性和民族性的认识十分重要，它直接联系着20世纪40年代后其"文化民族主义"思想立场的形成。例如，《汉文学的传统》(1940)与《汉文学的前途》(1943)两篇文章，是周作人从出任伪职到被淡出伪政府官场的时期所作，这期间可谓他个人经历中最为曲折、也最遭诟病的阶段。然而，这两篇文章的观点跨越了历史时间的悬隔，与《国语与汉字（讨论）》保持了明确的思想一致性，即避开政治上的"实力国家"不谈，坚持从历史、语言的"文化"角度重新定义"文化中国"的疆界，坚持从语言文字角度去维护中国文化的同一性，以达到强化中国人民族国家意识的目的。

周作人政治与文化二分的方法是把思考的视野从政治转移到文化方面，并试图从文化的根本即语言文字上寻找"中国民族"的认同基础。《汉文学的传统》开篇讲到为什么要以"汉文学"代替"中国文学"的概念："中国人固然以汉族为大宗，但其中也不少南蛮北狄的分子，此外又有满蒙回各族，而加在中国人这团体里，用汉字写作，便自然融合在一个大潮流之中，此即是汉文学之传统，至今没有什么改变"。

这与《国语与汉字（讨论）》中对"中国民族"的定义基本一致。周作人所强调的依然是不以民族来划分、不以国家的管辖区域为疆界，而是从汉语言文字之使用范围确定"文化中国"的内涵。由此可以把政治上暂时分离的中国人包含在内，从而形成文化上的一种联络和认同。他认为，这个历史上形成的以汉字为书写工具的文学传统至今没有改变，思想上之儒家人文主义，形式上之汉字书写，构成了这个"汉文学"传统的根本，它需要我们维护和发扬光大下去。

《汉文学的前途》则在表达了相同意思之后，特别加了一个"附记"以说明思想动机："民国二十九年冬曾写一文曰《汉文学的传统》，现今所说大意亦仍相同，恐不能中青年读者之意，今说明一句，言论之新旧好歹不足道，实在只是以中国人的立场说话耳。"在敌寇占领的沦陷区，能从附逆的周作人口中说出"中国人的立场"来，的确难能可贵！这至少表明，在那样复杂的背景下他依然对"文化中国"有强烈的认同。他甚至表示"中国民族被称为一盘散沙，自他均无异辞，但民族间自有系维存在，反不似欧人之易于分裂，此在平日视之或无甚足取，唯乱后思之，正大可珍重。……反复一想，此是何物在时间空间中有如是维系之力，思想文字语言礼俗，如此而已"。这样抬高民族语言文字及其文化传统在思想认同中的作用，在当时的沦陷区并不少见。这种现象涉及战争中被征服的文化心理，以及语言文字的历史性和民族性等更为复杂的问题,且与在陕甘宁边区毛泽东领导的推广拉丁化文字的情形形成鲜明对照,需要专门探讨。

"五四"前后的国语改造意见

周作人在1936年《国语与汉字(讨论)》中的语言文字改革观,明显与当时声势浩大的拉丁化新文字和左翼文学大众语运动的观念取向不同。众所周知,早在辛亥革命后不久,北洋政府便于1913年召开教育部读音统一会,由钱玄同等提出"汉字注音方案"。这是晚清以来汉语拼音运动逐渐转向国语统一方向的开始,以配合救国图存维护国家统一的目标。1919年简称"注音字母"的方案公布后,国语统一筹备会成立。由刘半农、赵元任等制作的"国语罗马字拼音方案"以"拼音法式"的名称由国民政府正式公布,则是在1928年。这个方案用拼法变化表示声调,其规则繁复而难以学习。另外,1931年在海参崴举行的中国新文字第一次代表大会上,吴玉章等拟定的"拉丁化新文字"方案,用拉丁字母拼写汉语,不标记声调,于1933年起开始在上海推广。据悉,上海拉丁化研究会发起"我们对于推行新文字的意见"签名运动,有蔡元培、鲁迅、郭沫若等六百余人签名。几乎与此同时,左翼文学运动兴起,大众语得到提倡而与拉丁化新文字运动形成呼应之势。总之，汉字拼音化的国语改造方向一直是其主流。

周作人、胡适不在这个签字名单中，也实属自然。因为他们坚持以方块字写白话为国语的根本，正如周作人所述："用罗马字拼口语写出大众可懂的文章来，这不失为一个好理想"，但现实是国难当头而新文字无法迅速普及到大众，我们"现在要利用国语与汉字以达到强化民族意识的目标"。[《国语与汉字（讨论）》]

周作人、胡适并不热心于拉丁化新文字，背后原因好像也有左翼文化和自由主义倾向的分歧存在，但仅就语文改革问题本身而言，周作人在《国语与汉字（讨论）》中表达的观点，实际上是他"五四"以后一以贯之的立场。也就是说，不仅在国家民族危亡之际的1936年，就是在"五四"激进主义改革论热潮过去之后的20世纪20年代，周作人亦是最早对国语改造和国民文学论的偏激意见进行反思而提出稳健主张的重要人物。例如，1922年所作的《国语改造的意见》一文，从国语问题之解决、改造之必要和方法三个方面展开论述，其意见与《国语与汉字（讨论）》在思考逻辑上有清晰的连贯性。

周作人在这篇讲演中，在追溯自己晚清时信服于章太炎保存汉字采用字母的观点而到了"五四"又曾关注钱玄同废汉字改用世界语论的过程之后，明确提出对国语改造的基本意见："但是到了近年再经思考，终于得到结论，觉得改变语言毕竟是不可能的事，国民要充分的表达自己的感情思想终以自己的国语为最适宜的工具。……我现在依然看重世界语，但只希望用他作为第二国语，至于第一国语仍然只能用那运命指定的或好或歹的祖遗的言语；我们对于他可以在可能的范围内加以修改和扩充，但根本上不能有所更张。"（《艺术与生活》，河北教育出版社2002年版）

这里周作人所依据的思想逻辑是，一个民族的语言不仅是思想感情的文字表达，同时也是思维本身。因此，一个民族、一个国家的语言文字不能轻易被抛弃或改用另一种新的人造语。众所周知，"五四"言文一致运动中最过激的观点，是钱玄同废汉字改用世界语的主张。他在《中国今后之文字问题》（1918）中声称"欲废孔学，不可不先废汉字；欲驱除一般人之幼稚的野蛮的顽固的思想，尤不可不先废汉字"，而废除汉字后"当采用文法简赅，发音齐整，语根精良之人为的文字 Esperanto（世界语）"。钱玄同的激进观点一出即震惊四座，也出现不同意见。陈独秀在回复钱玄同之际，则提出相对切合实际的"先废汉字，且存汉语，而改用罗马字书之"的方案。这成为"五四"语言文字改革运动的主流意见，而"五四"之后周作人的上述意见，则更加务实稳健。

我们可以称视民族精神包含在世代传承的语言及其文学中的这种思考，为语言民族主义。但同时，周作人又表示反对"国语神圣论"，认为"国语到底是我们国民利用的工具，不是崇拜的偶像"。这又与保守僵化的狭隘民族主义区别开来，而为改革开辟了道路。周作人强调，国语改造的目标不是任何单一的或古文，或明清白话，或民间语言，而是"合古今中外的分子融和而成的一种中国语"。文言的致命伤在于"思想自思想，文字自文字，写出来的时候中间须经过一道转译的手续，因此不能把想要说的话直捷的恰好的达出"；明清小说"专是叙事的，即使在这一方面有了完全的成就，也还不能包括全体，我们于叙事以外还需要抒情与说理的文字，这便非是明清小说所能供给的了"。总之，这些单一的资源都是国语改造和建设的"材料"，而不能作为标准。国语改造的路径大概有采纳古语、方言、新名词及语法的严密化等。其中，语法的严密化，即当时人们所言"国语的欧化"，最为重要而急迫。至于办法，则有赖于国语学家、文学家、教育家等的具体实践。

《国语改造的意见》中最后提到改革的原则，只在于至为简单明了的"便利"一条。这与十几年后的《国语与汉字（讨论）》坚持"利用"现成的白话国语文，观点是一致的。可以说，周作人、胡适等代表了清末民初以来追求汉语汉字拼音化主流方向之外的又一种相对务实稳健的国语改革意见。它在言文一致俗语革命的大潮里虽为少数，却超越了20世纪中国的历史时空，成为更符合语文改革实际的发展方向。

同时期，周作人还有一篇《国语文学谈》（1924），也值得关注。该文讨论的虽是新文学如何创造的问题，但传统语言的现代转换、文言与白话的古今调和、一国语言应有两种语体——口语与文章语等，乃是讨论的主要内容。这也自然而然，因为语言和文学本来就是一个统一体的两面。在此，周作人首先提出"华语"和"汉文学"两个新概念，以定义"国语文学"的内涵。他试图超越"五四"文学革命中文白雅俗、贵族与平民的、死的与活的等讨论中的意气之争，为新文学吸收古今中外一切有益成分开辟道路，同时要把曾遭批判而失去了正统霸权地位的古文古典文学"请回来"。这实际上是对"五四"言文一致俗语革命之过激态度的反思和有力纠正。

从20世纪中国所有改革的历史经验来看，周作人的上述观点是符合"古为今用、洋为中用"的实践真理的。新文学建设不该废弃而是要"利用"古典文学资源的看法，与周作人在语言文字改革主张上的方向一致，它们共同构成其改革传统再造新文明的整体逻辑结构。这个逻辑结构，在理想和现实、观念与实践、改造与利用、激进与稳健等矛盾关系中更倾向于后者，具有避免矫枉过正的实际应用性，丰富了20世纪中国社会文化改革的经验。

世界主义和民族主义问题

当然，这套务实稳健的思考，其形成在周作人那里也是经历了一个历史过程的。例如,就在《国语文学谈》写就一个星期之后的 1925 年新年,周作人在其所作的《元旦试笔》中这样回顾自己的思想转变:"我的思想到今年又回到民族主义上来了。我当初和钱玄同先生一样,最早是尊王攘夷的思想,……后来读了《新民丛报》《民报》《革命军》《新广州》之类,一变而为排满(以及复古),坚持民族主义者计有十年之久,到了民国元年这才软化。五四时代我正梦想着世界主义,讲过许多迂远的话,去年春间收小范围,修改为亚洲主义,清室废号迁宫以后……觉得民国根基还未稳固,现在须得实事求是,从民族主义做起才好。我不相信因为是国家所以当爱,如那些宗教的爱国家所提倡,但为个人的生存起见主张民族主义却是正当。"(《雨天的书》,河北教育出版社 2002 年版)

上述周作人的语文改革观和他的政治思想一样,也有一个从民族主义到世界主义再到民族主义的转变过程。这在《国语改造的意见》开篇讲得很清楚。这里所说的"为个人的生存起见主张民族主义",则十分重要。它提醒我们,周作人语文改革主张中的"语言民族主义"倾向并非国家主义和国粹主义,而是从个人及于民众乃至国民的,其根本在于从实际出发提出改革设想。自晚清以来作为现代民族国家建设的一环,国语改造始终是一个倍受关注的问题。周作人早年也曾积极关注包括废除汉字、采用拉丁语乃至世界语等的语文改革观,但"五四"以后,他又是最早意识到语言文字本身的民族性和历史性、古文字的现代价值乃至汉语在凝聚国民感情统一思想方面作用的文学家之一。正是在这个意义上,我愿意称周作人为一个"语言民族主义者"。

如前所述,晚清至"五四"以来中国语文改造运动中逐渐形成了两种主导倾向。一种是追求人类大同的世界主义,即语音中心主义之拼音化国语理念;另一种是坚持白话方块字为基本形态而加以改良的语言民族主义,即重视汉字历史性和政治上民族认同作用。当然实际的情况非常复杂,具体到个人可能是追求世界主义而依然关注语言民族主义问题,或者坚持语言民族主义立场但也不反对汉字拼音化的世界主义理想。例如,周作人和胡适就是如此。

胡适在20世纪50年代写作的一篇书评中认为,"中国所有的语言改革,无论是白话运动,还是鼓吹字母表音体系,必定由国际主义者(internationalists)领导(包括无政府主义者和共产主义者),也必定是为民族主义者(nationalists)所反对(包括国民党;我对国民党的不满是公开的:在二十年的统治中,它对白话文运动只是口头上的承认)"。(转引自童庆生:《汉语的意义——语文学、世界文学和西方汉语观》,生活·读书·新知三联书店2019年版)胡适在此明显是把自己划到国际主义阵营的,但实际上可能并非如此。在《国语与汉字(讨论)》后面给周作人的复信中,胡适就表示一种语言的改造需要"社会的大力量",而"我不相信中国现在有了这种'社会的大力量',所以我不期待在最近百年内可以废除汉字而采用一种拼音的新文字。……所以我们在二十年中用力的方向是提倡白话文,用汉字写,白话的白话文"。周作人的立场也是如此。我们可以在积极的意义上称他与胡适都是语言民族主义者,即并不反对汉语拼音化的理想,但从实际出发坚持在现有的汉字白话文基础上加以改进以建构现代国语,这亦是周作人"五四"以来一贯的立场。

无论世界主义还是民族主义的语文改革观,背后都有一个标准国语的理念存在,这是19世纪以来世界各地建构现代民族国家之国语的共同现象,同时也是上述两种倾向相互联系彼此缠绕的原因所在。例如,村田雄二郎在《五四时期的国语统一论争》一文中论及作为理念的国语,讲到作为"京音派"代表的"张士一那般固执地批判官话(普通话)的混合性、杂种性,就在于有必要把那个作为底片的具有明确轮廓和等质性的国语这一语言共同体(国语)显像出来。为了假想出只是作为理念才可以叙述的标准国语就仿佛显现在眼前一样,必须把北京话这一等质的声音语言叙述出来。这是一个不断投向未来之可能性的、而于当下这一场所可以自我充足地显现出来的标准国语。这正是近代以来在想象上构筑起来的国民的别名。所有国民必须全部而且是排他性地归属于单一的共同体中去,正是这个命令孕育出了规范的国语理念。国语总是作为标准语,换言之,作为等质封闭的语言共同体而被表述出来,原因也正在于此"。(王中忱等主编《东亚人文·第一辑》,生活·读书·新知三联书店2008年版)

或者可以说,正是这个"国语的理念"同时成就了语文改革上的世界主义和民族主义两种倾向。因此,周作人也好,胡适也好,都声称并不反对汉语拼音化的方向,只是强调从眼下的实际出发必须从国语白话文这个基础做起。

与此相联系的,还有一个语言的民族性和阶级性问题。周作人基本上是不承认语言文字乃至文学的阶级性的,无论在"五四"之后不久的《国语改造的意见》中,还是在1936年的《国语与汉字(讨论)》里。这与同时代左翼阵营的改革者们形成鲜明对照。例如,作为激进的拉丁化新文字运动的积极推动者,鲁迅在《中国语文的新生》(1934)中将问题提到了"生存"的高度:"中国人要在这世界上生存,那些识得《十三经》的名目的学者,'灯红'会对'酒绿'的文人,并无用处,却全靠大家的切实的智力,是明明白白的。那么,倘要生存,首先就必须除去阻碍传布智力的结核:非语文和方块字。如果不想大家来给旧文字做牺牲,就得牺牲掉旧文字。走哪一面呢,这并非如冷笑家所指摘,只是拉丁化提倡者的成败,乃是关于中国大众的存亡的。要得实证,我看也不必等候怎么久。"(《鲁迅全集》第6卷)

在鲁迅的论述中，很明显语言的民族性并非主要方面，人民大众的解放包括语言的获得才是核心。这同时又与他"五四"以来的世界主义紧密关联。其理由在于"人类将来总当有一种共同的言语"。(《渡河与引路》，收入《鲁迅全集》第7卷) 鲁迅终归是一个伟大的理想主义者，而周作人则更倾向于现实和理性。

童庆生在《汉语的意义——语文学、世界文学和西方汉语观》中指出："五四"以来中国的语言文字改革运动受到启蒙运动以来西方带有偏见的汉语观影响，曾出现自我东方主义的倾向问题。发源于德国的比较语言学在20世纪初已见衰退，原因在于方法上的枯燥和思想上的种族主义倾向。但是"正值比较语文学在欧洲衰退之际，中国不少学子却趋之若鹜，而对比较语文学背后的政治及其对汉语和中国文化的偏见与歧视，或一无所知，或视而不见，更谈不上批判，在他们的推动下，比较语文学在20世纪初的中国获得了在欧洲也未必拥有的荣耀"。其具体的例证，是傅斯年及由其创办历史语言研究所的举措。但更普遍的问题是，在历史比较语言学及其西方汉语观的影响下，"五四"以来的中国知识分子开始从语言工具论转向本质论，从而形成了改造中国社会文化必须从语言入手的思想。

童庆生也觉得，"五四"知识分子采纳比较语言学和语言本质论，可能只是一种文字改革的策略，"未必是在理论上认同西方汉语观"。但是，这一代知识分子对汉语汉字的批判远远超出语言的范围，这"至少在表面上呼应了西方汉语观对汉语的批判，同时也充分体现了西方汉语观在中国的传播和影响"。其结论是："五四"知识分子挪用西方汉语观，"他们为语言文字改革运动做好了理论上和舆论上的准备，同时也在自我东方主义的道路上渐行渐远"。我想，童庆生指出的是中国语言文字改革运动的总体趋向问题，的确需要我们深刻反思。周作人乃至胡适的语文改革思想，或许会给我们的反思提供积极的思想资源。

周作人语文改革思考的历史意义

《汉语的意义——语文学、世界文学和西方汉语观》一书，是目前研究中国现代语言文字改革运动最新颖独特的成果之一。该书在世界文学和西方近二百年来充满偏见的汉语观这一外部思想史脉络下，讨论了中国语文改革运动的成败得失，在肯定文字改革于社会革命和民族解放的20世纪中国的现代化进程中留下深深足迹的同时，也尖锐地指出了其直接间接受西方汉语观的影响而造成思想理念上的自我东方主义。童庆生指出："'五四'以来语文革命的两个主要对象是文言文和方块字，前者终于退出了历史的舞台，而后者在近一百年后的今天依然生机勃勃。随着电脑技术和汉语拼音的进一步普及，书写汉语的繁难大为降低，可以断言：数字技术条件下的汉字已完全不同于过去的书写系统，汉字拼音化、拉丁化新文字等建议和方案不啻是明日黄花。……今天，我们回顾这一段并不久远的历史，感到语言、文化、民族认同仍然是极为沉重和充满挑战的论题。"

周作人早在20世纪20年代就曾指出："汉字改革的具体的办法，在保持汉字形体的条件下，所能做到的只有减省笔画的一件事。"（《汉字改革的我见》，1922）一方面，这是一个极其简单也至为正确的办法，从一个世纪后的今天来看，我们也不得不说，周作人乃至胡适的语言文字改革观是正确的。另一方面，在21世纪的今天，我们常常听到"汉字是中华文明的最重要载体"等国粹主义式口号，同时看到某些最高学府的校长念白字的尴尬场面。这是否意味着，即使周作人、胡适这样比较稳健务实的语文改革主张，也依然任重而道远呢？世界主义理念的丧失和语言民族主义的极端化，是否会造成新的"国语神圣论"乃至极端的文化民族主义？值得深思！

2019年7月

一湾"春水"现人间

——冰心手稿《春水》的文献史料价值

一

2017年4月的一天，我突然接到上海朋友的电话。说是在日本九州大学图书馆，发现了冰心的《春水》手稿，而且该大学的中里见敬教授已写好介绍发现经过和分析相关背景的论文，不知《中国现代文学研究丛刊》（以下简称《丛刊》）能否发表。我开始还一头雾水，待了解到《春水》手稿发现的经过并拜读了中里见先生的论文后，才感到事情的重大和非凡意义。

这位上海朋友，即华东师范大学日语系的潘世圣教授，其实是我在吉林大学研究生时代的同门。后来，我们两人分别去日本留学，潘君就落脚在九州大学，并在此获得博士学位。而手稿发现者中里见先生，则是他的多年师友。这位日本先生是中国古典文学研究者，对中国现代文学也多有了解。他的前辈同事——日本著名的中国戏剧专家滨一卫（1909—1984），就是《春水》手稿的所藏者。那么，远在日本九州大学的中里见先生何以绕道上海的潘君而联系我呢？说来真是机缘巧合。《丛刊》2016年第11期曾刊发《1939年周作人日记》，这成为此次发现手稿的直接线索。据《周作人日记》1939年10月5日项下记载："下午又整理旧报。得《春水》原稿，拟订以赠滨君。"供职于日本早稻田大学的周作人研究家小川利康先生最早注意到这条日记，急忙电告九州大学。于是，就有了中里见论文《冰心手稿藏身日本九州大学——〈春水〉手稿、周作人、滨一卫》中所详述的手稿发现过程。中里见先生认为，这次发现的直接线索来自《丛刊》发表的《周作人日记》，故希望自己的论文也能够在《丛刊》上刊出。于是，这样一个文献史料的重大发现，也就可以画上圆满的句号。我是潘君的同窗，同时也是《丛刊》的编委。

4月21日，我借《丛刊》召开编委会的机会，向执行主编傅光明先生介绍了情况。他也感到意外的惊喜，并决定尽快刊发中里见先生的论文。傅先生还是个细心人，他又迅速把这一消息告知福建长乐冰心文学馆的刘东方馆长。于是，就有了后来我和潘君的福建之行，这是后话。

那么，此次冰心《春水》手稿的发现有何重要意义呢？我最初看到手稿的照片是在中里见先生的文章中，后来有幸目睹潘君手中的彩色影印本。那时的感觉真宛若一湾"春水"流过心田一般！冰心手抄原稿字迹清秀典雅，完全可以视为书法的精品而供我们后人鉴赏。同时，正如中里见先生所记，那应该是冰心在燕京大学国文系的老师周作人将《春水》列入自己主编的新潮文艺丛书中出版，而为此特意抄录的。那是1922年年底的事情。毫无疑问，此乃该部经典作品的最原始手稿，也因此具有了第一手文献史料的价值。

总之，书法的艺术价值和文学史的文献价值，是这部手稿的重要意义之所在。正如在《丛刊》第7期正式付梓的6月20日凌晨、《人民日报》网络客户端的记者刘军迫不及待地发布消息所称：手稿字迹秀美娟丽，流畅典雅，保存完好。在目前已知冰心存世手稿中，唯该手稿创作时间最早，保存最完整，规模最大。也正如潘世圣教授向媒体表示的那样：除了文学文化意义外，手稿本身即珍贵文物，更是一流的精美书法作品，显示了冰心先生深厚的学识和艺术修养。更像中里见先生回答记者问时强调的：原稿书法艺术价值亦很高，是象征日中文化交流的珍贵文献。他还补充说：2017年是日中邦交正常化四十五周年，在此节点发现冰心先生的《春水》手稿，非常有意义。

二

以上是媒体和学界对《春水》手稿的价值与意义的基本共识，而于书法艺术所知寥寥的我，更看重的是其文献史料价值。这又可以从三个方面来谈。

第一，此手稿作为《春水》最原始的手抄稿，为我们提供了校勘不同版本的样本和基准。冰心的《春水》最初连载于1922年3月31日到6月30日的《晨报副镌》，而据中里见先生介绍，这次发现的手稿首页诗集名"春水"的左端，有"新潮社文艺丛书"字样。故可以确定，这是为了刊行诗集单行本所抄录的定稿。当时的周作人为北京大学新潮文艺丛书的主编，《春水》是他编辑的该套丛书的第一部，由"新潮社"于1923年5月出版。因此诗集出版后，这部手稿也就留在他的手里，成为一个欣慰的纪念。那么，作为作者亲手抄定的诗集手稿，它也就有了原始标本的意义。也就是说，刊发在报纸副刊的诗作和出版社发行的单行本之间存在这个手稿，它足以成为后来的诗集各种版本的一个校勘标准，至少也是一个比较的重要参照。我们知道，根据学术界通常的做法，在编辑作品的单行本或者选本乃至全集的时候，可以根据作家的初稿，也可以参照最初刊发的报纸杂志来汇校。作家本人的手抄定稿，无疑是一个重要的依据。比如，中里见先生的论文所引的《春水》手稿"自序"和最后的第一八二节诗，是这样的：

自序

『母亲啊！

这零碎的篇儿，

你能看一看么？
这些字——
　　在没有我以前，
　　已隐藏在你的心怀里。』

—录繁星一二〇—

一八二

别了——
　　春水！
感谢你一春潺々的溪流，
　　带去我许多意绪。

向你挥手了，
　　缓々地流到人间去罢！
我要坐在泉源边，
　　静听回响。

　　中里见先生已注意到：手稿诗篇诗行的排列方式和《晨报副镌》连载时的排列形式并不相同。在《晨报副镌》上，所有诗行均呈顶格状态，行头无空格。我更注意到，不仅排列方式，还有标点符号等，这份手稿和现行的各种冰心作品集也多有不同。例如，刘东方主编的《冰心诗文选》（福建少年儿童出版社 2016 年版）是一个比较新的版本，其《春水》"自序"和第一八二节诗是这样的：

自序

"母亲啊!

这零碎的篇儿,

你能看一看么?

这些字,

在没有我以前,

已隐藏在你的心怀里。"

——录《繁星》一二〇——

一八二

别了!

春水,

感谢你一春潺潺的溪流,

带去我许多意绪。

向你挥手了,

缓缓地流到人间去罢。

我要坐在泉源边,

静听回响。

"自序"的差异在于:手稿的诗行排版错落不一,显示出作者注重诗歌的形式,而《冰心诗文选》一律顶格排版。不过,同样收入此书的《繁星》,其第一二〇节又保持着错落不一的排版形式,与手稿一致,而第一八二节诗的手稿和《冰心诗文选》虽都是错落不一排列的,但还有微小的差异。

另外,手稿和《冰心诗文选》在标点符号上的不同,则是最大的问题。诗歌的标点符号,作为冰心所注重的诗歌形式的一部分,自然十分重要。我们今天除了根据现行汉语标点符号的要求作出必要的、最小限度的改动,还是要尽可能地保存其原初的形态。当然,在没发现手稿之前,我们恐怕只能根据最初发表在《晨报副镌》的形态,或者后来新潮文艺出版社的单行本来判定。如今,手稿为我们提供了新的校勘基准。至于我在这里,只提到刘东方主编的《冰心诗文选》,也是因为最近得到编者的馈赠(心存感激!),使我手头有了这个选本可以比较。也就是说,诗集《春水》的校勘绝不仅仅限于这个选本。因此,手稿的发现对于校勘现行的和未来出版的冰心作品的重大文献价值,怎样强调都不过分。

第二,这次手稿的发现,为我们提示了周作人与冰心关系研究的进一步线索。中国现代文学史上有一种传言,说周作人有四大弟子,但到底是哪四位说法不一,俞平伯、废名、沈启无是明确的,至于最后一位是冰心还是江绍原,好像颇有出入。然而,不管冰心是否被包括在"四大弟子"之中,在五四新文学运动的初期,文学大家周作人作为燕京大学国文系的教师,都曾给予学生冰心的诗歌和小说创作以悉心的指导而成为其文学创作的引路人,是毫无疑问的。对于文学史上这一段佳话,中里见先生在论文中也有初步的讨论。而我,以这次手稿的发现为契机,进一步查阅了1922年至1923年的《周作人日记(影印本)》(大象出版社1996年版,以下周作人日记内容均出自此书),结果确认了许多新的事实。

首先,据1922年3月4日的日记记载:"晴上午至适之处同燕京大学司徒尔刘廷芳二君相会说定下学年任国文系主任事。"这是周作人在燕京大学兼课的起始,由此成为当时在国文系读书的冰心的老师,也可以确定他们师生两人之间的交往,就是从这时候开始的。因此,也就有了后来周作人向日文报纸《北京周报》推荐冰心的《繁星》,并翻译其《爱的发现》《晚祷》等小说的佳话。这些,中里见先生在论文中都有介绍。还有一件与冰心《春水》直接相关的,是周作人参与北京大学学生社团"新潮社",发挥指导作用并主编"新潮文艺丛书"的事情。这在周作人日记的中也有零星的记载:

阴上午微晴下午往公园赴新潮社同人会五时散
(1922年3月12日)
晴……下午为北京周报译冰心小说未了
(1922年5月25日)
晴……下午至公园赴新潮社会又拍照共六人
(1922年6月11日)

晴……午至西交民巷同新潮社诸人会食共九人

（1922年12月22日）

其中，1922年5月25日所记，指的就是发表在1922年5月28日《北京周报》第18期上的冰心《爱的实现》的译文。其余，均与"新潮社"有关。我们知道，"五四"时期重要的社团组织"新潮社"由北京大学学生成立于1919年，主要成员如罗家伦、傅斯年、杨振生、顾颉刚、俞平伯等，乃是哲学门和国学门的在校生。胡适、周作人等先生则处在指导的地位。从上述日记看，周作人大概每隔三五个月就会参加一次他们的活动，可见关系之密切。我所注意的是，冰心《春水》与周作人及"新潮社"的关系。前面提到，冰心的《春水》在《晨报副镌》连载是在1922年3月至6月之间。那么，周作人参加的3月12日和6月11日的"新潮社"聚会，很可能谈及《春水》乃至冰心的文学创作。当然，这只是推断而已。引用日记最后一项记载——12月22日的聚会，正是在周作人得到冰心的《春水》手稿（落款11月21日）的大约一个月之后。因此我感觉，这次聚会极有可能谈及《春水》的出版问题。

我们已知，"新潮社"正式启动丛书的出版，是由1919年11月19日全体会议所决定的。最初侧重的是出版思想理论著作，第一种为王星拱编《科学方法论》（1920），而排在最后的第六种则是李小峰、潘梓年译

《疯狂心理》(1923)。"文艺丛书"大致与"新潮丛书"相衔接,冰心的《春水》为第一种,正式出版于1923年5月。以往,我们不太清楚这套丛书策划的具体过程。如今,因为《春水》手稿的发现,为我们提供了新的时间线索,足以判定这次12月22日的聚会,应该是策划"文艺丛书"的一次关键聚会。当然,这也只是我的初步推定。冰心《春水》、周作人与"新潮社文艺丛书"的关系,是讨论"五四"新文学运动发生发展的重要议题。我期待着有心人依据这次的手稿发现,深入挖掘其中的内涵,搞清楚事情的来龙去脉。

冰心在1923年夏天毕业于燕京大学,后赴美国留学。毕业论文的导师,就是周作人。她在周作人协助下出版的《春水》,成为"五四"时期名噪一时的新女性作家的代表作之一。这对出国之前的冰心,无疑是最大的荣誉和最好的礼物。周作人的日记中亦有这样的相关记载:

> 晴……得新潮社春水一本　(1923年5月30日)
> 晴……得乔风廿三日函冯文炳君函谢女士函作品二本　　　　　　　　　(1923年6月26日)
> 晴……得冰心函　(1923年7月4日)
> 阴……下午得诗一本寄冰心函
> 　　　　　　　　　(1923年8月10日)
> 晴……得乔风十五日函半农函谢女士函
> 　　　　　　　　　(1923年8月18日)

晴……得冰心神户函　　（1923年8月24日）

从这些记载可以看出，在毕业与匆匆出国的日子里，冰心与周作人保持着密切的联系。最后的"得冰心神户函"，表明冰心已在越洋赴美的途中了。这也意味着，"五四"时期两人的一段师生交往亦暂告结束。然而，十六年之后的1939年，周作人竟然能在废纸堆里发现这部手稿，也真是神奇的缘分！

第三，这次手稿的发现，再次凸显了周作人与日本的深厚关系。作为中国现代最大的"知日派"作家，周作人与日本及其文化、与日本文人学者的关系之广泛深入，乃是众所周知的。在战火纷飞的1939年，他把冰心的手稿赠给晚辈的滨一卫，其行为的意涵和动机究竟为何？中里见先生在论文的后半部分，对此已有初步的探讨。而我，联想到近年来在周家发现的上千封周作人与日本大正时期以来的文人作家的往来信函，还有已经整理出来并公开发表的周作人与松枝茂夫、与安藤更生的大量书信等，更深切感受到"周作人与日本"乃至"中日近现代文化交流关系"的议题还远远没有被穷尽。我们知道的实在太少！因此，以这次冰心《春水》手稿的发现为契机，我殷切期待着能够推动对这些问题的深入讨论。

三

2017年5月19日，应冰心文学馆刘东方馆长的盛情邀请，我和上海的潘君来到福建长乐。围绕这次冰心《春水》手稿的发现过程，我们深入讨论了相关话题，并就今后如何与日本九州大学合作进行了初步的策划。我们最大的愿望，就是有一天《春水》的手稿能够回到其作者的故乡长乐，回到冰心文学馆，哪怕是影印乃至高仿真的复制品。同时，希望以此为契机开展与日本的交流合作。记得鲁迅先生有言："人类最好是彼此不隔膜，相关心。然而最平正的道路，却只有用文艺来沟通。"如果以《春水》手稿的发现为契机，能够在中日两国之间架设一座沟通理解的新桥梁，那更是令我们喜出望外的期盼了。愿长乐冰心文学馆与日本九州大学的未来合作，结出硕果！

2017年7月

（原载《现代中文学刊》2017年第6期）

文学的固有力量

廖四平先生是我的同僚，他在大学里教授中国现当代文学，同时也搞小说创作。这在有些人看来好像不太务正业，而我则以为文学教授在研究学问和讲授知识之外还能身体力行搞创作，乃是相得益彰的事情。这样，才能从理论和实践两方面把文学的道理传授给学生。不过，这回廖兄嘱我为他的新作《青春合伙人》写序，可难倒了我。因为，虽然主张研究与创作并行为好，但我自己却是文学写作才能为零的刻板研究者，对当代文坛的那些事也所知甚少。然而，在廖兄的多次催促下，我时不时地瞭望一下这本小说的部分章节和故事梗概，渐渐地有了写几句的决心。既为了证明自己的"不懂文学"，也为了替廖兄呐喊几句。

《青春合伙人》以当今中国大学校园生活为题材。这是作者身在其中最为熟悉的领域。小说的主题为创业和爱情，描写一群二十岁左右风华正茂的青年，如何在大时代里依靠所学的知识出入于商场与情场，而度过了大学四年波澜起伏的生活——通过了成年礼。作者似乎在强调小说世俗性的一面，称其主题也可以叫作"金钱"

与"美女"。然而,我读过后感觉这还是一个向上励志的故事。因为,这里的青年特别是主人公牛臻昱,终归是宅心仁厚、与时俱进而有人性光泽的人物。他们在当今这个物欲横流的社会里上下浮游,遇见了种种的罪恶与不公或繁华与凋敝,时而也有颓丧沉沦,仍励志创业以实现人生的价值。他们同情弱小以扶危济贫则是深潜的主流。就是说,表面的"俗"终不能掩映内里的"圣",从而让我们感到文学里应有的一股人性温暖,一种向善的力量。

文学要给人以温暖,要有一种向善的力量。仿佛一个人的故乡,一片静怡的港湾,让你时而流连、回忆和憧憬,甚至有回归的冲动。这恐怕就是"文学"在今天已然失去了崇高尊贵的地位而依然有其存在理由、依然为社会所需求的原因吧。或许,此乃古今中外所谓文学——故事的终极价值所在。记得十几年前我翻译日本批评家柄谷行人的名著《日本现代文学的起源》时,作者在"中文版序"中曾表示:在 20 世纪 70 年代后期的日本,"赋予文学以深刻意义的时代就要过去了","文学似乎已经失去了昔日那种特权地位。不过,我们也不必为此而担忧,正是在这样的时刻,文学的存在根据受到质疑,同时文学也会展示出其固有的力量"。这段颇具哲理的话给我留下了深刻的印象,至今还在思索着它的丰饶意味。前一句"赋予文学以深刻意义的时代就要过去了",不难理解。20 世纪 70 年代后期,正是日本从工业社会向大众消费社会转型的时刻，与现代国家同时诞生的那个"现代文学"——被赋予了过剩的社会意义和政治内涵的精英文学，即将随着工业社会的后退而渐趋淡出人们的视野，随之而来的是与大众消费社会相适应的各种娱乐性文学的盛行。这种"文学转型"的现象在中国的出现，大概是 20 世纪 90 年代后期。可是，后一句的"文学的存在根据受到质疑，同时文学也会展示出其固有的力量"，则一直让我感到费解而把握不到其清晰的蕴涵。柄谷行人所言的"文学的固有力量"究竟所指何在呢？

今天想来，这前后两句话中的"文学"应该分别指涉的是两种不同的东西。前一种乃是福柯所说的诞生于 19 世纪中叶的、那个与现代民族国家相伴而生的大写"文学"，它被赋予了凝聚民族、想象国家的过剩意义和使命，其历史也不过一个多世纪而已。后一种则是一般意义上的文学——故事，古往今来不分东西一直存在着。那么，遭到"质疑"的应该是精英化的"现代文学"之存在意义，而展示出固有的力量则是广义的文学故事。我认为，古往今来文学的固有力量，就在于它能给人以温暖和向善的力量。有了这样的温暖和力量，文学就会伴随人类始终。即使它不被社会和政治所特别关注，那也没有什么关系。

读廖兄的小说而胡思乱想到文学的存在意义，实在是证明了我的不懂文学创作。其实，《青春合伙人》绝非单纯的"娱乐文学"，其中有丰饶的社会问题和人生苦恼，更有社会变迁和人格弱点所带动起来的对于普遍人性的思索。如今的文学，不必再像"五四"新文学那样刻意地"呐喊"与"彷徨"，但追寻文学的固有力量并带给人们以温暖，应该是其应有之义。《青春合伙人》所反映的生活虽然局限于大学校园，但这里一样是中国当下社会的一个缩影，其中有种种的人生和对世态炎凉的感悟，更有励志向上对未来的憧憬，读来温暖而有力量。这正是不懂文学的我，勉力来写这篇序言的动力所在。

据悉，廖兄已在着手构思他的长篇小说三部曲，依然是以校园生活为背景。他旺盛的创作热情实在让人敬佩不已。我愿不揣浅陋为他"呐喊"几句，就是希望今天的中国文场，能够生产出更多的给人以温暖和力量的文学作品。这篇感言文不对题，还请廖兄及其广大读者多多谅解。

2017 年 3 月

（原为廖四平小说《青春合伙人》序言）

Ⅲ
译介工作坊

与柄谷行人一起重读"起源"

——"岩波定本"《日本现代文学的起源》译者前言

一

《日本现代文学的起源》书名前面标出"岩波定本",意在区别于日本讲谈社 1980 年的第一版,也试图强调这个译本与生活·读书·新知三联书店 2003 年中译初版的不同。

这是一部文学批评上名副其实的世界性经典,仅从书中附录的日文版后记和世界各语种译本的序言和后记就可知晓。在日本国内,它有两个版本系列。一个是由 1980 年讲谈社的单行本和 1988 年该社文库版所构成的系列,其中文库版被重印不下三十次。另一个则是岩波书店的系列。2004 年,岩波书店开始编辑出版《定本柄谷行人集》。对于被列入其中的该书,作者做出大幅度调整、增补和修订,几乎令其成为一本新著。2017 年,《日本现代文学的起源》又被列入"岩波现代文库"继续重印。我也是鉴于此版"岩波定本"的改动之大和内容之新,而有了重译的打算。

2003年,"三联书店"推出的该书译本,也是由我翻译的。当时依据的自然是1980年讲谈社版,同时也参考了1991年的英译本。说到该书的中文版,一样也有两个系统。一个是"三联书店"的系统,由2003年版和2006年重印本以及这个"岩波定本"构成,这应该是中文读者比较熟悉的一版。另一个是中央编译出版社的系统,即由2013年版和2017年收入"柄谷行人文集"中的重印本两版构成。我在这两个系统的每次新版和重印之际,都做过必要的增补和校勘。因此,这些版本在译文上略有不同,翻译准确度和行文流畅度自然是越新的越成熟。不过,依据的原书是同一个讲谈社版,故内容上没有大的变化。

然而,这个"岩波定本"版变化很大,尤其在内容上,这又可以话分两头。

一头是原书的改变。1980年版的《日本现代文学的起源》由六章构成,而现在这一版则增加了第七章"文类的消灭",并收录了日文版后记和世界各语种译本的序言,另外增加了注释和明治时期文学年表。更主要的变化,是柄谷行人时隔二十五年对原版做了大幅度的内容修改,特别是构成此书核心议题的前三章,即"风景的发现""内面的发现"和"所谓自白制度"。现代文学中的主体、第三人称客观描写、自白制度的诞生,这些在前现代文学中绝无的表现手法是怎样伴随民族国家的诞生和个体独立意识的出现,而作为一种制度被创造出来的，则通过修改得到了更为清晰的呈现。二十五年前的一些直觉性的感悟，在如今的新版中得到了进一步的条理化，反映了柄谷行人此间思想的飞跃性发展和理论逻辑分析的深化。我说此书几乎成为一本新书，也是在这个意义上而言的。

另一头是中文译本的改变。2003年"三联书店"版的《日本现代文学的起源》虽然依据的是1980年日本讲谈社版，但当时根据柄谷行人的建议，曾增加了两章——1991年英文版增补的第七章"类型之死灭（1991年）"和新设的第八章"书写语言与民族主义（1992年）"，并收录了弗雷德里克·詹姆逊为英文版所写的序言"重叠的现代性镜像"。2013年的中央编译出版社版也曾经根据柄谷行人的意见，增加了一个中文版新版序言。而现在这个"岩波定本"中译本，则严格按照岩波书店的定本翻译，除去了此前的第八章和詹姆逊序言以及中央编译出版社版的中文版再版作者序，并基本上重译了这部经典之作。从这个意义上讲，中国读者可以将"岩波定本"作为柄谷行人的新作来阅读，也可以比照此前的译本来体察作者思考的演进和观察问题的视角变化。

二

关于《日本现代文学的起源》的内容构成和学术思

想价值，我此前曾经在2003年"三联书店"版的译者后记中加以介绍和分析，有心的读者可以参考。自中文版问世以来，此书在汉语读书界产生了广泛而持久的影响，一如它在世界各地拥有强大的影响力那样。据我了解，书中有关现代文学"风景的发现"，即认识论上的"颠倒"装置，以及这个文学与现代民族国家建制同时发生并形成"共谋"关系等思考，得到了汉语读书界的高度关注和高校在读博士生的广泛征引，直接影响到对中国现当代文学思考方式和阐释构架的转变。2005年年底，也就是此日文"岩波定本"出版后一年，我曾就此书的多重内涵和作者本人认识的变化，发表过一篇题为《与柄谷行人一起重读〈日本现代文学的起源〉》的文章。现全文重录于下面，以期给汉语读者提供进一步阅读的参考。

一部名著往往可以包含多重的解读可能性，这不仅在读者就是在作者那里也是常有的事情。日本批评家柄谷行人的《日本现代文学的起源》（以下简称《起源》）初版于1980年，至今历时二十五年。在日本包括原版、文库版和文集版已经多次印行，1993年于美国出版英译本之后，逐渐开始越出日本国境被迅速传播到世界其他一些地区，继德文版和韩文版之后，又有了这部中文版。这部诞生于东亚日本的文艺批评著作，经过穿越北美、西欧的"旅行"之后，又绕回包括韩国和中国的东亚，在周游世界的过程中遇到不同语境、不同文化背景的读者，而发生多种多样的阅读可能性，乃是理所当然的事情。有意思的是，到了最近，连作者柄谷行人本人对自己书中说了什么，也有些动摇不定了。

2004年岩波书店出版了五卷本的《定本柄谷行人集》，其第一卷收录的便是这部早期代表作。作者借编辑文集的机会重读《起源》后，写下一篇《重读之后痛感"近代文学"已然终结》的随笔。文章不长，我将全文抄译如下。

> 我是不去读自己所写的东西的，因为觉得与其如此，不如去写新的作品。可是偶尔也有不得不重新阅读的时候，尤其是在《日本现代文学的起源》出版英文本之际。
>
> 简单说，我在此书中指出：我们觉得理所当然不言自明的东西（如文学中的风景、言文一致运动、小说的自白等），都是在某个特定时期（明治二十年，即1887年）确立起来的现代文学装置而已。
>
> 这种想法是在1975年至1977年于耶鲁大学讲授明治文学时产生的。如果不是在那样的地方（外国），我恐怕不会有上述思考。当初写作此书的时候，完全没有想到要在美国出版。因为，书中讨论的主要是与日本的文学状况相关的一般常识性事项。所以，到了1983年有人要英译此书时，我便踌躇起

来了。虽然最后同意他们去翻译，但附加了一个条件，就是要做一些修改。可是，后来译者那边一直杳无音讯，到了1990年前后英文翻译稿突然寄到我手上，我真不知道如何是好了。要是坚持对原作加以修改的话，译者又要返工而多费周折。考虑到这一点，我放弃了修改全书的计划，只补充一个新的章节、加了若干的注释并写了后记。

现在，我对自己的旧作很有不满。原因之一，就是出版英文本的时候，我更多地考虑到文学特别是言文一致以后的小说，在现代民族国家形成过程中所发挥的重要作用问题。这恐怕是受到安德森《想象的共同体》或者20世纪90年代初学术思潮的影响所致。因此，在英文本序中，我特别强调了这一点。另外，在稍后《起源》被翻译成德文、韩文和中文之际，应译者的邀请我分别写了序言。面对未知的他者（各国读者），又让我不断思考自己的著作究竟写了些什么。

然而，去年计划出版《定本柄谷行人集》时，我又重读一遍《起源》，感到现在自己的关注重点与此前已大不相同。或者说我又回到最初写作此书的观点上去了。比如，当今的民族主义并不需要文学，新的民族之形成也不必文学参与。民族主义虽然没有结束，但现代文学已经终结。我深深感到，现代小说这东西实在是一段特殊历史下的产物。

这样想来，我在20世纪70年代后期追问现代文学的"起源"时，实际上这个文学已在走向终结了。如果没有感到其"终结"的到来，何以会去追问它的"起源"呢？总之，我再次感到"作者很难读懂自己的著作"。

(2004年7月18日《朝日新闻》)

这篇文章里，柄谷行人虽然最终意在强调"作者很难读懂自己的著作"，但还是清晰地记述了他对《起源》一书，其自我认识的变化过程。他至少向读者暗示了阅读此书的两条可能线索。一是从当初的写作意图上来讲，他是在20世纪70年代末美国这一"外部"的场域获得了从"起源"上观察"日本现代文学"的视角，又在与保罗·德曼等耶鲁学派解构主义运动成员的交往中，发现了颠覆"文学现代性"的方法。据此来分析成立于明治二十年（1887）前后的"近代文学"，发现并证实了下面这样一些事实——我们长期以来认为毋庸置疑的"现代""文学"等概念并非普遍性的价值观念，现代文学的一些基本特征，如客观描写、内心自白、言文一致的口语化书写语言等，都是特定历史阶段的产物，即19世纪中期以来起源于西欧而逐渐扩散到世界各地的"现代性"文学的一种"装置"（制度）。发现了它的起源就意味着可以预见其"终结"，《起源》一书当初就是要指出这个"现代文学"正在走向终结，如同现代性思想和社会已经在20世纪70年代前后发生转型一样。这可以称为从"文学与现代性关系"的视角来阅读的线索。二是进入20世纪90年代以后,柄谷行人接受了安德森"想象的共同体"以及民族国家理论的影响,觉得《起源》一书虽然当初没有自觉到,但实际上包含了文学在现代民族国家制度建设上所发挥作用的内容,是可以做新的阐发的。就是说,我们也可以从"文学与民族国家共谋关系"这一视角来阅读此书。而且,第二种阅读线索在整个20世纪90年代得到了作者的刻意强调,我们看柄谷行人所写的英文版、德文版、韩文版和中文版的"序言",就可以明了这一点。

一部具有原创性的名著,不同的读者可以有多样的解读,甚至原作者的认识也会发生变化,这些都不是什么新奇的事情。问题是原作者到了最近又对第二种解读线索表示了"不满",强调自己的认识回到了当初的写作宗旨上。作为中文版的译者,这使我感到应该对此有所交代,因为我当初的"译者后记"(2003)依据柄谷行人当时对第二种阅读线索的强调,突出了《起源》一书在解构文学与民族国家共谋关系的一面。记得有一位同行朋友在看了那篇"译者后记"之后,曾对我笑曰:原作的意味很是丰富,虽然时有难解而不甚明了的地方,读了你的译后记就觉得问题很是清晰了然了,对于我们不懂原文的中国读者,你的解读可是至关重要呀。这朋友的笑谈是肯定还是否定,我当时没有马上反应过来。现在，读到上引柄谷行人的文章，才恍惚略有领悟。作为译者所提供的一种解读线索，说不定会遮蔽原作本身所具有的丰富性呢。

正因为如此，我在上面特意全文抄译了柄谷行人的那篇随笔，希望能给中国的读者提供更多阅读的背景资料。不过，有一个翻译过程中的细节还是应该交代几句。当1999年前后我接受北京朋友的建议，开始与柄谷行人联系此书的中文版翻译事宜时，他就主动建议要把发表于1992年的《书写语言与民族主义》一文收入中译本。原因是，这篇批评雅克·德里达只局限于西方谈"语音中心主义"，而强调在18世纪的日本也出现过试图摆脱汉字文化压迫的日语语音中心主义的文章，与《起源》一书在内容上有密切联系。今天想来，这篇文章与英译本作者序言（1991）的写作为同时期，正是柄谷行人参照"想象的共同体"理论来重读自己的《起源》之时。作者在1999年前后建议将此文收于中译本，说明他依然期望读者从"文学与民族国家共谋关系"这一阅读线索来理解该书。也因此，有了我那篇中译本的"译者后记"。至于他对安德森"想象的共同体"理论产生"不满"，则是在那之后。

2000年6月，本尼迪克特·安德森应邀到日本法政大学与柄谷行人同台讲演。安德森的讲题是《被创造的"国民语言"——不存在自然生成的东西》，柄谷行人的发言则是《语言与国家》。我们仅从安德森的讲演题目就可以看到，时隔十几年之后，其思考的框架依然是文学语言与民族国家的关系问题。从内容上看，也只是增加了有关泰国、菲律宾方面的资料，论证国语与国家民族的语言未必一致，实际上是长期政治斗争的结果。也就是说，现代国语国民文学并非自然生成之物，而是在民族国家形成过程中人工塑造出来的。作为民族国家"想象"的载体，国语保证了民族主义的兴起和发展，而柄谷行人则在上面提到的那篇《书写语言与民族主义》旧稿的基础上，增加有关现代资本主义"三位一体"（资本、国家、民族）牢固结合的自创理论，实际上对安德森1983年所提出的"想象的共同体"理论，表示了某种程度的质疑。他认为这一理论单纯强调现代民族国家形成过程中的情感"想象"即"表象"的方面，而忽略了民族国家与"资本"结合所构成的"实体性"方面。虽然这可以说明远离现代性中心的地域其民族主义兴起的基础和原因，但无法解释为什么当今新一轮的民族主义运动不再需要"文学"的参与，而往往与宗教原教旨主义等联系在一起。恐怕正是对文学与民族国家或者民族主义的关系有了新的认识，才导致柄谷行人在2004年重读《起源》时，开始强调自己"又回到最初写作此书的观点上去了"。

以上，我就《起源》问世二十五年来原作者对自身著作认识的变化过程，做了简要的追溯和梳理。那么，所谓"两条可能的阅读线索"究竟哪一条更接近于原作呢？这就不是译者所能回答的了。其实，读者是尽可以放开视野去自由阅读的，如果上面提供的材料能够刺激汉语读书界读者的思考而推动"积极阅读"，那便是喜出望外的事了。

另外，还有一个侧面值得留意，那就是柄谷行人在书里书外、前言后记中给我们提示了许多值得进一步思考的问题。比如，他在2003年中文版作者"序言"中指出："文学似乎已经失去了昔日那种特权地位。不过，我们也不必为此而担忧，正是在这样的时刻，文学的存在根据受到质疑，同时文学也会展示出其固有的力量。"的确，无论在日本还是在中国，赋予文学以深刻意义的时代已经过去，但是文学向其固有力量的回归将是怎样一种状况呢？宣告了"近代文学"的终结，是否意味着诞生于19世纪的以小说为中心的国民文学，其意识形态的功能已然消失而将真正退出历史舞台呢？又比如，上面抄译的柄谷行人文章在谈论"文学与民族国家共谋关系"时强调："当今的民族主义并不需要文学，新的民族之形成也不必文学参与。民族主义虽然没有结束，但现代文学已经终结。"确实，观20世纪90年代以来冷战结束而东西两大阵营土崩瓦解之后，新一轮的民族独立和少数族群分离运动已不再依靠文学的力量。那么，曾经具有"想象"民族创生国家功能的文学将被宗教或者别的什么取代吗？今天的"文学"是否只剩下了"审美""娱乐""游戏"等消遣的功能呢？在民族国家还远未退出历史舞台的现在,"情感教育"——从感情上维系民族共同体的团结——是否还可能是文学的功能之一?我想,这些都是很有价值的课题,值得我们与柄谷行人一道去深入思考。

2019 年 1 月

(收入"岩波定本"《日本现代文学的起源》,生活·读书·新知三联书店 2019 年版)

思想构筑未来世界的图景

——"柄谷行人文集"编后记

一

柄谷行人是当今东亚地区重要的理论批评家,他的著作在汉语读书界也有了多种译本,影响广泛。中央编译出版社根据读者的期待计划出版其文集,是在2007年前后。如今十余年已经过去。此次统一格式,重新修订编校,隆重推出中文版"柄谷行人文集",各卷具体内容如下:

第1卷《日本现代文学的起源》

第2卷《作为隐喻的建筑》

第3卷《跨越性批判——康德与马克思》

第4卷《历史与反复》

第5卷《世界史的构造》

第6卷《哲学的起源》

以下,我简要介绍柄谷行人的生平思想、各卷著作的内容以及中文版文集的计划、翻译和编辑过程。

柄谷行人,1941年生于日本兵库县尼崎市。早年于东京大学就读经济学本科和英国文学硕士课程。毕业后先后任教于日本国学院大学、法政大学和近畿大学。一段时间里，曾担任过美国耶鲁大学东亚系和哥伦比亚大学比较文学客座教授。2006年荣休，但依然笔耕不辍而活跃于思想文化评论界，是享誉国际尤其在东亚地区具有思想影响力的日本理论批评家。

一方面，柄谷行人作为日本后现代思想的主要倡导者，四十余年来的文艺批评和理论实践，比较完整地反映了"后现代思想"发源于"68年革命"，经过20世纪七八十年代的迅猛发展，而于90年代逐步转向新的"知识左翼"批判的演进过程。特别是他倚重马克思的思想又借用解构主义的思考理路，从反思"现代性"的立场出发，对后现代思想的核心问题，如"差异化""他者"与"外部"等观念以及整个20世纪人文科学领域的"形式化"倾向所做的独特思考，大大地丰富了日本后现代批评的内涵。

另一方面，柄谷行人始终坚信马克思的思想对于资本主义制度的批判价值和认识世界的方法论意义，一贯致力于从各种不同的角度解读其文本，从中获取不尽的思想资源。他从20世纪70年代侧重以解构主义方法颠覆各种体系化意识形态化的马克思主义，并重塑文本分析大师的马克思形象，到了20世纪90年代则借助康德"整合性理念"和以他者为目的的伦理学而重返社会批判的马克思思想，并力图重建"共产主义"的道德形而上学理念。其发展变化本身,既反映了他本人作为日本后现代主义批评家的独特思考路径,又体现出与"西方马克思主义"的某种共通性。

2000年前后,柄谷行人积极倡导并组织起"新联合主义运动"(New Associationist Movement),即一种抵抗资本与国家并追求"可能的共产主义"的市民运动,通过重新阐发马克思政治经济学批判中的价值形态理论,提出从消费领域而非生产领域来抵抗资本主义的斗争原理。近年来,他则进一步推出独创的有关资本主义制度的批判理论——"资本—民族—国家"三位一体说,并在此基础上从交换方式的角度,重新分析世界史的结构和"帝国"问题。同时,他积极参与东日本大地震后一系列反对核电站建设、维护日本和平宪法第九条等的市民运动。柄谷行人这些新的尝试包括其遇到的理论难关,对于我们理解马克思思想在当今的理论价值,思考全球化新帝国主义时代资本制的内在结构和危机形态,激发人们超越资本主义世界体系的理论想象力等,都具有重要参考价值。

二

柄谷行人一生的理论批评工作,有着清晰的内在逻辑和思想发展脉络可寻。此次编选"柄谷行人文集"是按照编年的顺序从他各时期的著作中选出最能显示其思想发展过程、也最有代表性的六种。

第1卷《日本现代文学的起源》，日文初版于1980年，如今作为柄谷行人早期解构主义批评的代表作，已经成为闻名世界的经典。书中以一切从根源上提出质疑的现象学还原方法，来反思明治维新以来日本文学的现代性及其与民族国家共谋关系的方法论，已经得到广泛的认知和理解；而有关现代文学之风景的发现、内在的人、自白制度、疾病的隐喻、儿童的发现、文学的装置等一系列独创性的分析概念，也得到了广泛关注，并成为不同地区和国家的人们讨论在地的现代文学之"起源"时的重要参考。这些概念的提出和精彩的分析，清晰地展现了柄谷行人独特的批评方法，即在被"颠倒"的事物和观念中洞察文学的起源，对文学的制度性及其历史主义普遍原则进行解构式的批判。自1993年该书在美国刊行英译本以来，又相继出版了德文版、韩文版、中文版。可以说，这本薄薄的论述日本现代文学的随笔集已成为名副其实的经典之作。究其原因，大概就在于其透过文学现代性的批判来解构现代性本身这一写作策略。该书透过明治时代中期文学诞生的历史，考察了在西洋至少经历两百年而在日本只需一个世纪便创生出来的现代性起源。

第2卷《作为隐喻的建筑》，日文初版于1983年。在1992年刊行英文版和2003年编入岩波书店版《定本柄谷行人集》之际，作者又对其内容做出比较大的修订和改编。可以说，这是一部有关解构主义问题的理论著作，集中反映了20世纪80年代身处后现代思潮旋涡之中的柄谷行人，在日本语境下对"解构"问题的独特思考。所谓"日本语境"，即在作为非西方国家而没有形而上学传统之思想重压的日本，如何在确认了解构的对象之后推动解构主义批评的发展。柄谷行人当时采取的战略是一人扮演"两重角色"：先建构，再解构。他认为，"解构只有在彻底结构化之后才能成为可能"。因此，该书首先从古希腊以来西方哲学家强固的"对于建筑的意志"，即构筑形而上学体系的欲望入手，考察20世纪人文科学领域普遍存在的"形式化"倾向，以逻辑学之罗素、哲学之胡塞尔、语言学之索绪尔、数学之哥德尔乃至人类文化学之列维-斯特劳斯等试图挣脱形而上学束缚却最终没有走出"形式化"逻辑为例，证实"形式主义"的革命不仅没能真正颠覆传统形而上学，反而使种种思想努力落入"结构"的死胡同之中。在此，受到萨义德"世俗批评"的启发，柄谷行人转而从西方知识界找到另一个反形而上学的思想家系列，通过对维特根斯坦和马克思的创造性阐发，提炼出"相对的他者"和"社会性的外部"等概念，为解构主义批评乃至后现代思想建立了稳固的理论基础。这对日本知识界从根源上认识和理解发源于西方的作为批判理论的解构主义，做出重要贡献。今天看来，该书无疑已然成为日本批评史上纪念碑式的作品。

第3卷《跨越性批判——康德与马克思》，日文初版于2001年。无论从理论深度还是从现实批判的意义上，该书都可以称为柄谷行人后期主要的代表作之一。首先，20世纪90年代东西方冷战格局的解体和马克思主义所面临未曾有的危机，是柄谷行人重新思考马克思的起点。对于资本主义国家中的左翼知识分子来说，苏联东欧社会主义阵营的土崩瓦解，不仅是作为实体的社会主义制度的消失，更意味着作为乌托邦理念的共产主义信仰的破灭。制度可以改变和另建，但作为理念即有关世界革命和人类解放的道德形而上学观念，共产主义是否可以重建？柄谷行人认为，不仅可以而且需要。

其次，要重建共产主义的道德形而上学，就需要重新回到马克思思想本身并恢复其固有的批判精神——《资本论》之政治经济学批判。在此，柄谷行人引入康德并与马克思的著作对照阅读，在康德那里看到了其"形而上学批判"背后试图重建作为实践和道德命令之形而上学的意图。这触发他以康德的"整合性理念"来理解"共产主义"。在柄谷行人看来，作为道德形而上学理念的共产主义之所以破灭，主要是因为19世纪以来世界社会主义运动逐渐偏离了将其视为乌托邦理念的方向，把生产领域的斗争和对抗国家主义的运动作为扬弃资本主义制度革命的主要目标。结果是共产主义变成了"建构性理念"，革命成为建设现代民族国家的工具。因此，重新恢复马克思的政治经济学批判,也便是要坚持从资本的逻辑出发分析资本主义社会及其生产关系和意识形态,而对20世纪社会主义革命和制度建设的经验教训,则需要深刻反思。

最后,马克思在世期间未能就国家问题提出完整的理论阐述,今天我们要对此加以认真思考。在此,柄谷行人一个重大的理论贡献,是提出了"资本—民族—国家"三位一体说。他认为,分别基于不同的交换原理的资本、民族、国家在从封建社会向资本主义社会演进过程中逐渐联结成三环相扣的圆环。这个圆环十分坚固,任何扬弃资本主义制度的革命,如果只是针对其中的一项或两项都不能解决问题。因此,他提倡从消费领域抵抗资本的自我增殖,同时强调"自上而下"来抑制国家并警惕民族主义泛滥的必要性,认为唯此方可期待"世界同时革命"的到来。

第4卷《历史与反复》,日文初版于2004年。这是作者为岩波书店版《定本柄谷行人集》新编的一卷,大部分内容写于1989年前后。实际上,这是一部尝试运用马克思《路易·波拿巴的雾月十八日》(以下简称《雾月十八日》)的历史分析方法透视世界现代史,通过文学文本的解读来观察日本明治维新以来的现代化历程和思想话语空间的著作。柄谷行人认为,马克思的《雾月十八日》并非针对法国当下历史事件的新闻记事性的著述,而是关于国家即政治过程的原理性阐释。如果说《资本论》是对于现代经济学的批判，那么《雾月十八日》则是对现代政治学的批判。之所以能够达成这种原理性的"批判"，在于马克思对历史现象采取了"结构性"分析的方法，由此看到了历史的结构性反复。

所谓"历史的反复"，大概有以下几种情况。如马克思最早在《资本论》中分析经济危机周期性循环时采用了十年一个周期的短期波动说，这是一种结构性反复的类型。又如，《雾月十八日》阐发了1848年革命到波拿巴登上皇帝宝座的过程，认为此乃对六十年前拿破仑通过第一次法国革命而当上皇帝的历史重演，是又一个历史周期反复的类型。柄谷行人在该书中主要依据六十年一个周期的模式，来观察世界现代史上19世纪70年代进入帝国主义时代、20世纪30年代转向法西斯主义和20世纪90年代进入全球化时代的历史重叠现象，同时考察了从"明治维新"（19世纪70年代）到"昭和维新"（20世纪30年代）再到"昭和时代的终结"（1989年），这一历史时间的巧合和诸多事件的惊人相似性，试图从中发现结构性反复的规律。其重要的方法论思考在于：历史的反复是存在的，但反复的并非事件而是结构。

第5卷《世界史的构造》，日文初版于2010年。该书是柄谷行人对此前已出版的《跨越性批判——康德与马克思》（2001）和《迈向世界共和国》（2006）两书的思考，进行全面体系化的一部理论著作。21世纪，人类正面临着种种困惑和危机，而最大的危机在于由二百多年来工业革命所构筑起来的资本主义体系已然山穷水尽。资本的逻辑已经渗透到世界的角落,而人类关系也完全被商品交换关系所覆盖。资本主义果真已经不存在"外部"了吗?此刻,需要我们凝聚理论的想象力和思想的创造性,去发现新的"外部"——超越资本主义体系并展现人类未来可能性的全新图景。《世界史的构造》正是这样一部关乎资本主义结构性危机和人类未来发展前景的思想性著作。马克思主要从经济基础,即"生产方式"的维度考察了社会构成体的历史,而视国家和民族为观念性的上层建筑。柄谷行人则认为,这种思考的维度存在一定的缺陷,无法充分说明资本主义社会的现状。因此,他在该书中试图从"交换方式"的角度来考察人类社会构成体的历史,并对资本主义结构性危机和人类发展前景,给出自己的批判和预测。

第6卷《哲学的起源》,日文初版于2012年,是柄谷行人近来的一部新作。真正的思想家,应该是那些勇敢面对一时代人类社会的核心议题或思想危机而做出独特思考的人们。柄谷行人认为,当今人类社会的思想危机,莫过于建基在现代资本主义体系之上的意识形态,即自由民主主义的全面危机。20世纪70年代以后,哈贝马斯、汉娜·阿伦特等西方思想家,曾通过康德再解读而试图回归希腊民主政治的源头,以重温市民社会的制度原理和道德准则。然而,后来各国的新自由主义并没有从根本上拯救资本主义,社会民主主义也遭遇前所未有的困境。《哲学的起源》则重点讨论希腊哲学本身，从而发现了被西方近代哲学所遮蔽的又一个传统，即伊奥尼亚自然哲学中的"Isonomia——自由人联盟"，即建立在个人契约之上而没有统治与被统治关系的民主思想。他认为，这个民主思想传统经过我们的重新钩沉和阐发，可以用来反思和超越现代民主主义，从而找到解决资本主义政治危机——对自由与平等无法两全——的新途径。这无疑是具有原创性和冲击力的思考。该书所讨论的问题发生在两千年前的古希腊，但问题的核心却直击我们的当下。柄谷行人的结论是，自由民主主义并非人类到达的最终形态，超越自由与平等难以两全的悖论，其思考的契机就隐含在古希腊这已然被忘却的思想传统"Isonomia"之中。

三

柄谷行人近年来在汉语读书界受到越来越多的关注，他本人与中国知识界的交流实际上早在20世纪末就开始了。1998年年底，他借"中日知识共同体"对话会的机会第一次造访北京，与汪晖等中国学人就亚洲、全球化和马克思主义等问题展开交流。也就是在这之后的2000年左右，我与柄谷行人先生取得联系，就《日本现代文学的起源》中文翻译事宜征得他的同意。2003年，该书中文版由生活·读书·新知三联书店出版,得到中国学者和在校博士生的广泛征引,直接影响到中国现当代文学研究阐释架构的转变。2006 年,大陆和台湾又不约而同地推出柄谷行人的另外两部著作。一部是中央编译出版社的《马克思,其可能性的中心》,另一部是台湾商务印书馆的《迈向世界共和国》。前者与《日本现代文学的起源》一样,属于柄谷行人 20 世纪 70 年代的早期著作;后者则是写于 2006 年反映了作者新近理论思考的书籍。可以说,至此日本理论批评家柄谷行人,在汉语学术界已经有了相当的知名度并正在扩大其影响。而我,也就是在这前后产生了编译其文集的念头,并得到了中央编译出版社的积极响应。

2007 年 5 月应清华大学之邀,柄谷行人再次访问北京,做题为"历史与反复"的讲演,并与中国学者就"文学时代的终结"和"走向世界共和国"等话题,进行了深入的讨论。这给文集编译出版的商谈提供了机会。记得那天晚上,闻讯而来的时任中央编译出版社总编室主任邢艳琦和策划编辑高立志两位,在万圣书园与柄谷行人会面。当得知中央编译社乃是中国以编印马恩全集闻名的一家老资格出版机构后,柄谷先生十分高兴并表示愿今后多多合作。

2008 年 5 月的一天,我借短期访学日本之机,于细雨蒙蒙中到位于东京郊外南大泽一片茂密丛林旁的柄谷行人宅第拜访。时隔一年的重逢让柄谷先生有些滔滔不绝，他讲起未来自己的著作计划和思考方向，谈到退休后在市公民馆开设免费讲座与听众热议"走向世界共和国"的理念……我印象中，柄谷先生思维依然敏捷、激情丝毫不减当年。当请求他为中文版文集作序时，他不仅满口答应而且坚持要每卷各写一篇序言。在告别后回去的路上，依然在细雨蒙蒙中，我遐想这位身处资本主义国度的左翼马克思主义批评家，其思想的力量和笃志的信念缘何而来，是不是源自他大胆地把共产主义作为"整合性理念"而化作心中的道德命令呢？在今天这个缺少理念和想象力的贫乏时代，我在感谢柄谷先生为中文版作序并提供各种翻译上的帮助的同时，还想由衷表达我的一份敬意。

这就促成了我们编辑、出版"柄谷行人文集"中文版的最初计划。在2007年前后，我们还只是计划出版三卷本，即《作为隐喻的建筑》《跨越性批判——康德与马克思》和《历史与反复》。到了2012年柄谷行人第三次造访中国时，在他客座清华大学讲授《世界史的构造》之际，我们又配合其授课而推出了《世界史的构造》中译本，并征得他的同意将此前"三联书店"版的《日本现代文学的起源》也交由中央编译出版社出版。与此同时，还将最新的《哲学的起源》列入出版计划之中。这样，才有了今天这个"柄谷行人文集"六卷本的规模。

末了，我要特别感谢一起合作承担了第2卷《作为隐喻的建筑》、第4卷《历史与反复》和第6卷《哲学的起源》翻译工作的三位译者——应杰先生、王成先生和潘世圣先生。我个人虽然负责了"柄谷行人文集"一半的翻译，但如果没有这三位的通力合作，也是无法完成整个翻译和出版计划的。三位都在北京和上海的高校工作，教学任务十分繁重。为了这项工作，他们不惜挤压自己宝贵的时间，如约出色地完成了任务。在统一译文的概念术语、格式体例方面的相互切磋、彼此配合，更让我感到了未曾有过的协同作战的快乐。

2017 年 9 月

（收入"柄谷行人文集"，中央编译出版社 2017 年版）

"无方法"的方法

——木山英雄《文学复古与文学革命》编译后记

一

在日本的中国现代文学研究界有三位最受敬重，也是于中日两国其学问得到高度评价的学人，即伊藤虎丸、丸山升和木山英雄先生。三位的学问虽各有千秋，但他们同为东京大学文学部出身，于20世纪六七十年代承接竹内好对鲁迅以及革命中国的研究传统，一起为开创日本中国文学研究新局面而贡献卓著，在这一方面，他们得到的普遍赞誉是共同的。我留日十年有幸师从木山英雄教授，得其教诲，现在又有机会编译他的论文集《文学复古与文学革命——木山英雄中国现代文学思想论集》（北京大学出版社，2004年版。以下简称《文学复古与文学革命》），倍感荣幸的同时亦觉忐忑不安。因为，作为编译者要向中国读者介绍作者的学术思想与方法，这谈何容易。

如果说，丸山升是以日本马克思主义思想资源为本，在20世纪60年代日本"政治与文学"关系论争中建立起自己的"革命者鲁迅"形象和研究社会主义中国的架构的(《鲁迅——其文学与革命》,平凡社1965年版),那么伊藤虎丸则出于对西洋精神和东亚现代性的关注,以"个"的观念为中心建立起人学的"思想家鲁迅"研究体系(《鲁迅与终末论》,龙溪书舍1975年版)。然而,说到木山英雄教授则实在难以用一两句话来概括。事实上,正如他为本论文集寄来的中文版"跋语"所言,觉得所"写的东西多是读书经验的语言化这样一些没有什么与众不同的方法,或者说几乎是无方法的产物"。不过,如果这里所谓的方法,不是指时下那种从逻辑到逻辑的理论预设,而是指研究者把握对象的某种方式,阅读和解析历史的某种思想穿透力以及学者的人文情怀的话,那么木山英雄教授自然应该有他自己的"方法"。上述"跋语"也可以理解为是他的自谦之词。要说明这样的"方法",我们只能先走进他的著作文本,通过对其学术历程的回顾,去触摸那时而闪现的思考理路。

二

《文学复古与文学革命》就是要尽可能反映作者四十年来的整体学术风貌,把最具精华的东西呈现给中国读者。从目录编排上可以看到,三个部分中的前两个部分是以论文的发表时间为序——第一部分为自1963年的长篇学术论文《〈野草〉主体建构的逻辑及其方法》到1983年为止的二十年间的主要论文五篇；第二部分是从20世纪90年代直至最近的《野草》解读共九篇；第三部分，则是序跋之类的短文五篇。观前两个部分，已经凸显出作者对中国现代文学研究的总体风貌和学术关注重心。

第一，自始至终不懈地解读《野草》，并由此进入鲁迅思想内心世界以理解革命中国的现代史。众所周知，鲁迅研究史上虽然有人关注过《野草》的价值，但在中国真正把《野草》作为鲁迅的哲学和走进作家内心世界的窗口而实现研究史上巨大突破的，是20世纪80年代中期以来以钱理群、汪晖为代表的论述。然而在邻国日本，木山英雄教授早在二十年前的20世纪60年代便注意到《野草》中鲁迅的诗与哲学，并通过对二十三篇散文诗彻底的文本细读，证实了鲁迅是怎样在生存哲学的意义上经过对四种"死"的形式之挟心自食式的追寻，最后穿过死亡而完成对自身绝望黯淡心理（也即处在此历史大转换时代的古老文明中国所怀抱的全部矛盾）的超越，成为卓越的思想家和文学家的。

第二，周作人以及周氏兄弟的并行研究。在日本，真正系统性的周作人研究是从木山英雄教授开始的。尤其是考虑到这项研究起步于20世纪60年代——周作人被判定为汉奸已沉默二十余年，而汉奸罪名与日本所发动的那场侵略战争直接相关，木山英雄作为日本学者自然负载着道德心理上的压力，可以说这是一个相当困难的开拓性学术工作。我更注意到，在木山英雄教授的系列研究中反复强调了这样一个观点，即周作人的思想价值比起"五四"时期更在于20世纪20年代之后的、对西方价值观和文学范畴进行本土化转换的方面。例如，把艺术变成生活的技术或一种"礼"，把人道主义变成"饮食男女人之大欲存焉"式的人本主义，把个人主义变成以"己"推及"人"的共生主义，科学也被抽掉其可怕的彻底性而变成"人情物理"式的常识。周作人的思想史价值，正在于这种将外来现代性概念转换到与历史传统相关联的中国现代语境之中的努力方面。

周氏兄弟并行研究，则与我们通常所谓的比较研究不大一样。记得在一次关于竹内好的研讨会上，木山英雄教授透露了他着手周氏兄弟研究的起因，那就是有意识地要将自己心目中景仰的鲁迅相对化，以避免研究者神化研究对象的学术危险。他认为：在鲁迅与周作人这一对骨肉兄弟身上积聚了革命中国及其现代性的全部矛盾紧张，他们是"将中国老大文明的自我改革这个从未如此全面地被意识到的课题，在最深的层次上肩负到底的一组人物"。周氏兄弟自然在个人天赋秉性和思想观念上存在很多差异和分歧，特别是1923年"失和"之后。但是，木山英雄教授关注的更在于兄弟俩的共通性方面，这又构成了研究的一大特色。

印象最深的是他在《实力与文章的关系》一文中，

分析"五四"文学革命经过十年历程而迎来向革命文学的转换之际，兄弟俩分别感到自己自清末以来所形成的文学观受到了来自左翼阵营的冲击。面对这种冲击，两人的抵抗姿态和革命观虽有明显的距离，但在对"革命文学"论所做反应的根底里仍然有某种重要的一致性。他们都将革命与文学的关系置换为实力与文章乃至语言的关系，而鄙视那种夸夸其谈的议论，并在两者的关系上得出否定性的结论。也许是这种思维方式和文学气质上的一致性，促使木山英雄教授将周氏兄弟的并行研究进一步拓展到给兄弟俩一生以巨大影响的章太炎那里，而有了那篇学术分量极高的论文《"文学复古"与"文学革命"》。

第三，对中国当代旧体诗的研究。从以上介绍大致可以看到，木山英雄教授的中国现代文学研究是以鲁迅为基点，从这个基点扩展而及于周作人、章太炎，并由此触及中国近现代思想与文学的整个历史。每项研究都具有开拓性和自身的学术追求。1996年，他借来北京日本学研究中心任职的机会，多方走访在京文人学者中热心旧体诗写作的名家，又广泛搜集各种版式的旧诗集，展开有关当代中国旧体诗的研究，这无疑又是一项全新的开拓性工作。

我们知道，旧体诗一直是中国现代文学史上悬而未决的一个棘手问题。按照"五四"以来由西洋输入的现代文学观念，将传统文学样式特别是其顶峰的诗词排除在新文学史之外，亦是理所当然之事。然而，这个看似已经消亡的文学旧形式，却顽强地温存于现当代文人乃至职业军人和革命家的个人趣味领域，可谓僵而未死。例如，1979年的《天安门诗抄》以强有力的反映人民大众变革要求的方式浮出地表，而20世纪80年代以来大小公开自费出版的旧体诗集之多，不仅表现了其强大的生命力，也对正统新文学观念构成了挑战。然而，木山英雄教授关注旧体诗的原因，与其说在于这种文学样式的"死灰复燃"，不如说有更深刻的思想史层面的考量。那就是要从另外的视角进入那个他不懈思索的孕育了鲁迅、周作人的现代中国历史，并对自己所曾憧憬过的中国革命做出深入的思考。

1994年至2002年，木山英雄教授共发表了十篇谈旧体诗的连载文章，其中涉及聂绀弩、胡风、舒芜、杨宪益、黄苗子、荒芜、启功、郑超麟、李锐、扬帆、潘汉年、毛泽东等。这些诗作除一部分创作于20世纪40年代的战争与革命时期，更多的写于20世纪50年代后期开始的历次政治运动中。作者们基本上都历经了人生坎坷，遭遇曲折残酷的政治斗争，其诗作负载了中国革命沉重而丰富的历史内涵。木山英雄教授正是从这个视角出发，以传记资料、历史回忆录证诗的解诗法而开展其探索的。其中，多把焦点集中于诗与冤狱体验、共产主义运动内部的"审查""教育""改造"等体制问题，由此体察诗人的精神苦恼以及对革命的不懈追求，并通过这种体察来理解百年来中国的历史经验。这些都构成了木山英雄旧体诗谈的一个鲜明特色。

以上所概述的三个部分，是木山英雄教授主要的研究领域，也粗略地显示了他大致的学术历程。除此之外还有两个方面值得一提，一个是清末的文学复古与"五四"文学革命的内在联系，以及向现代性转化过程中的文学与语言的变迁，包括口语与书面语的离合转换关系；另一个是对周氏兄弟故乡绍兴的风土民俗的关注。以上综合起来，便形成了木山英雄教授四十年来对中国现代文学研究的整体风貌。

三

行文至此，我该回到前面提出的"方法"问题上来了。如前所述，木山英雄教授认为自己的中国研究并没有什么"方法"，不过是读书经验的记录。的确，我们在他的论文中看不到抽象的概念推演和宏大的理论预设，他常常在综合把握史料的基础上，单刀直入地进入历史，直逼对象的问题所在。即使在谈论《野草》里的诗与哲学那样的问题时，他亦有意绕开哲学概念而选择日常用语来描述自己的阅读体验。这对习惯了百年来以西方理论为基础建立起来的学术叙事方式的我们来说，确实容易造成阅读障碍。也许，这便是他的文章"趋于晦涩"

的一个原因。我就曾经有过这样的经历，在翻译他的"《野草》论"时，不自觉地将他有意使用的日常性用语转译成哲学式的表述，结果招来他的不满。也有人说他的文章充满魅力、始终保持一种思想的紧张感，却又是别人无法模仿的，原委也就在于这个没有理论预设和先定的前提。

那么，他的魅力和紧张感来自哪里呢？我体会这来自于他作文常常以一己的所有力量来与对象、与自己面对的历史较量，加之现实的人文关怀，而与研究对象构成一种思想张力。在思考他的"方法"之际，我脑海里不断浮现一个映象，这就是他在《诗之毛泽东现象》一文中，对《沁园春·雪》中所谓"帝王思想"观点做出自己解读时的一段表述。他认为，硬要把此拉扯到对旧体诗词的解释中去，往往会离谱。正如后来的"宜将剩勇追穷寇，不可沽名学霸王"一样，毛泽东赋诗作词借重的是诗之经验的直接性，其中的革命想象最终并没有超出诗歌传统的类比范围。"实际上诗人在此是一边表演着与筛选好的帝王们如同摔跤般的力之较量，一边在与历史相抗争。"这个"摔跤"的比喻实在太活龙活现了，我甚至认为这或许是解读木山英雄教授研究"方法"的一把钥匙。

一个研究者如果不想做四平八稳的"学术"文章，就应该有强烈的主体参与意识，并与研究对象打成一片，像那个"摔跤"的比喻一样追究到底。在这个追问的过程中保持研究主体与对象的对抗性紧张关系，不仅能够激活历史中那些与现实失去了关联的思想资源，同时也不期而然地回避了预设的理论和先定的前提。实际上，木山英雄教授在开始他的学术研究之初，就已经注意到这个"方法"问题。例如，在《〈野草〉主体建构的逻辑及其方法》中，他这样谈到自己的方法："对《野草》的研究，方法可能有种种，可能有或采取捕捉晦暗的深层心理，或注重外在因素以作家生活史、政治背景等为重点的研究方法。然而，我在此将尝试沿着一个观察方向一直走到尽头。这个方法，我本来知道是一种偏于一端的研究操作，因此，我并未想为了说明'这就是鲁迅'而选择最短的研究捷径。总之，在一个平面上疾走而过所留下的痕迹能够描绘出什么，这个什么即是目标"，又说要"避开预设的体系去面对研究对象，是因为我并没有什么体系，同时也是做出上述那样选择的结果"。我想，这种面对研究对象的姿态和进入历史的方式，正是使木山英雄教授的中国现代文学研究有别于他人的关键所在。

那么，这种主体参与意识会不会有扭曲对象而走向绝对化的评价方面的危险呢？回答是肯定的。要避免这种危险就需要研究者对历史、对自己的研究对象不断地进行相对化和历史化的处理。木山英雄教授的"方法"的又一个特征，也正在于此。我在前面概述他的学术历程时提到，为了避免将自己心目中所景仰的鲁迅绝对化，他有意识地引入周作人而做周氏兄弟并行研究，甚至将此上推到兄弟俩共同的先生章太炎那里。与此同时，他还注意把所关心的问题，如文学革命中的"语言"问题、中国文学现代性问题、周氏兄弟思想感性上的一致性，以及传统与现代的问题等，或者说现代中国文学的某个重大"局面"（历史事件、场景），放在多重视角和不同的问题系列中反复加以考察。这也是将研究对象历史化的一种做法。这样，可以有效地使自己的思考理路相对化，以抑制那种追求透明性的欲望。

总之，我不敢说自己悟到了木山英雄教授的治学方法。但以下两点，一是与历史和研究对象保持一种思想张力；二是不断将自己的问题和方法历史化、相对化，大概是其主要的特征，至少可以反映他治学方法的某个侧面。至于他那一代日本学人的特殊人文关怀，我想在此引用伊藤虎丸的一段话以窥其一斑。他说："回想起来，1945年8月15日日本帝国主义的崩溃和1949年10月1日中华人民共和国的成立，成为我们战后研究中国现代文学的出发点。当时，对于侵略战争的自我反省和中国革命的成功给我们的深刻冲击结合在一起，我们很想学习中国实现社会主义革命的历史，尤其是很想跟鲁迅学习。"（《鲁迅、创造社与日本文学——中日近现代比较文学初探》，北京大学出版社1995年版）这种"学习"精神，无疑是推动那一代日本学人走进中国现代史、走进鲁迅的根本动力，也铸成了其学术研究的特殊人文色彩，而有别于一般意义上的"外国文学研究"。我想，这样的日本中国学的成果包括这本《文学复古与文学革命》，不仅对现代文学研究，而且对整个中国学界都会有某种参考价值。

2003 年 7 月

（原载《读书》2003 年第 11 期）

事件史与精神史的省察
——木山英雄《北京苦住庵记》译者后记

一

《北京苦住庵记——日中战争时代的周作人》（以下简称《北京苦住庵记》）这部著作，是日本中国学家木山英雄有关中国作家的一部传记。众所周知，周作人是一个复杂而多有争议的历史人物，在动荡的近现代史中，他经历了几次重大的人生抉择。例如，清末赴日留学，"五四"时期参与文学革命并倡导人的文学和思想革命，20世纪20年代以后转向"自己的园地"而致力于散文小品写作以及文明批评的工作，20世纪30年代从"五四"激烈反传统回归到"原始儒家"而努力于传统的创造性转化，等等。这些重大的人生、思想抉择，不仅塑造了作为历史人物的"周作人"品格，同时也构成了带有社会性的"事件"，是今天的研究者依然在关注的对象。然而以上任何一次抉择，都没有1937年全面抗战爆发后他的一系列选择的影响更为重大和深远。从决意滞留沦陷下的北京，到出任汪伪政权要职，再到最后受到国民政府的审判,在历史脱出直线发展的轨道而发生"转弯"的关头,周作人一步步远离浴血抗战的中国和主流知识分子群体,走进了他人生中最黑暗的阶段。这不仅给他个人的命运以决定性的打击,而且如木山英雄所言,也给他的同胞和民族乃至中国现代文学的历史造成了难以愈合的伤痕。因此,以1937年到1945年为一个历史单元来记述周作人的传记,就成为一个非常重要的研究课题。

然而,这个历史单元乃是中日关系以至东亚史上的至暗时刻。其中,不仅交织着殖民侵略与被殖民、被侵略之间压迫、抵抗或屈从的复杂关系,而且生活于其中的每个人都要面临由国家、民族、文化和个人所构成的关系链条达到紧张极限的局面。在这样的局面之下,每个人有了不同的抉择及其人生命运。木山英雄的《北京苦住庵记》便首先意识到了这一点,并在传记的叙述结构和方法视角上确定了三个层面。

第一,从"事件史"的层面尽可能详细地叙述围绕周作人构成的一系列"事件",如"更生中国文化座谈会",大后方和抗战地区对其附逆事敌的声讨,元旦"狙击事件",出任伪职的前前后后,"大东亚文学者大会"与"扫荡反动老作家",以及战后的汉奸审判等,由此构成了传记的叙述主线。第二,从人物传记的层面梳理传主在一系列"事件"关系中个人的言行与抉择的过程,尤其注意每一次抉择后面的深层思想和心理动机,由此呈现传主此一人生阶段的"精神史"。第三,木山英雄作为那场侵略战争的加害国国民同时也是一位关心中国革命的日本学者，还试图在"事件史"和"精神史"之上，尝试触及"从中日战争本身的复杂性到日本人与中国人乃至亚洲人之间的相互联带与理解，或者不如说其没有连带和不理解，特别是日本人器量能力的问题"等，由此也就获得了超越一般道德判断而更侧重经验性史料的实证分析和自然而然的对于人之关怀的立场。因而，《北京苦住庵记》的学术和思想内涵远远超出了一般的人物传记，而具有了反思战争历史和中日关系，并在此基础上对传主做出冷静观察的思想史品格。

二

我在阅读此书的过程中，除了从"事件史"方面了解到一些重要的史实和珍贵文献，对不正常的国家关系下中日两国那一段文学交流的历史有了新的认识之外，更关心传记作者从民族国家、文化同一性和个人自我这三者关系方面，对传主"精神史"所做的独到解读。众所周知，现代民族国家诞生以来，传统的绝对主义君权体制崩解，社会出现了明显的分层，国民作为独立的个体被置于由国家、社会、文化和个人等构成的关系结构中。当现代民族国家正常运转时，这个关系结构有较强的流动性，个体在其中的自由选择度也比较高，甚至可能获得一种超越民族国家的立场。然而，当战争爆发或者遇到外敌入侵的时候，社会进入战时体制，使三者关系中的民族国家的共同体这一极得到极度的强化，原有的关系结构失掉平衡，其流动性和选择的自由度也将受到严峻的限制。所谓身处"历史关头"个体将面临选择的危机，就是指此。那么，周作人是怎样在三者关系之间做出选择的，其选择又如何影响到他个人的命运呢？

这也正是《北京苦住庵记》始终不懈追问的问题。例如，在分析抗战前夕周作人的"日本研究"及其特有的"东洋的悲哀"主题时，木山英雄发现："周作人如今走的已不是白桦派式的道路，不是世界人类，而是从亚洲各民族的命运出发，达到了将国家主义相对化的境地。"但是，这文人式的"亚洲命运终是一致"的想象，并不能改变帝国主义时代殖民和战争不可避免的现实，日本对中国终于挑起战端。周作人出于种种考虑决心滞留沦陷下的北平，在保持一段时间的沉默之后，决定出任伪职甚至官至伪政府"教育督办"和"华北政务委员会委员"，开始打破沉默而著文讲话。这个时候，他是如何对自己的行为做出解释，如何去面对国家、民族和个人这已失去平衡的关系的呢？木山英雄注意到：沦陷时期周作人以"中国人的思想"论为中心的一系列言论，在逻辑上与"二战"前的"东洋人的悲哀"命题，特别是和胡适讨论时局的文章《国语与汉字（讨论）》所反映的思想，保持了一贯性。他始终坚持并以此来支撑自身的，不是作为意识形态的国家民族，而是"中国民族"之文化同一性。也就是说，当国家处于军事上可能败北、政治上四分五裂局面的状况下，其所做的只是用同一的"汉字""汉文化"来维系民族上"文化乃至思想感情"的统一。

然而，中国并非单纯的文化意识形态上的国家民族，不管日本帝国主义如何蹂躏，作为实体的中国国家并没有消亡。当1945年日军在中国战场彻底败北后，这个作为实体的中国又成为周作人必须认真面对的，而且是处在国家以"汉奸惩处条例"置其于被告席上。于是，我们目击了他一生最残酷的时刻——必须在法庭上为自己战争期间的行为做出解释。这时的他，又是如何在上述无法逃避的三者关系中辩诉的呢？《北京苦住庵记》也正是于此对传主提出了尖锐的批评。木山英雄通过对大量审判资料的解读，最终得出结论：虽然周作人在回答年轻记者黄裳的狱中质询而讲到"国家的大法"，但"他讲国家的时候，并没有将其视为借此弄清楚自己的个人行为对全体同胞的客观意义那样的国民机关来看待。我们从他法庭上的辩诉中，要感到他面向这种全体性而展现出来的某种人之虔诚性来，是极其困难的"。而同样是汉奸被告的陈公博，在法庭上强调自己"和平抗日"而最终服法；王揖唐在接受判决时则沉默不语。与此相比，周作人三番五次几近于"俗"的辩诉，其态度正相反。木山英雄沉痛地指出："他终归没能就这场审判看出足以代表全体同胞那样的权威和逻辑,这或许会减轻一时的负担,但从长远的角度看终归是一个不幸。"

木山英雄从民族国家、文化同一性和个体自我三者关系的方面解释周作人的言行,他没有刻意强调关系结构中的某一方因素,而是基于当时的客观历史条件,综合地细心把握周作人的每一次抉择及其背后的思想动机,从而在表达同情理解的同时,做出自己特有的判断和批评。这样的"精神史"叙述,在让读者心悦诚服的同时,更能激起读者进一步思考的欲望。这恐怕是该书最精彩也最有阅读价值的地方。

另外,从个人精神信念方面思考周作人如何度过战争时期重重人生难关的,也是该书关注的焦点之一。比如"不辩解说"这种"沉默的美学",与周作人早年"生活之艺术"理想的关系。木山英雄认为,这个于20世纪20年代提出的理想境界直到后来其大框架都没有改变,但"生活之艺术"的内涵渐渐凸显了作为立身处世的艺术这一面。总之,周作人终究是这样一个人物,即认为人类或个人面对无可奈何的壁垒时,与其反抗不如幽默为好。他将自己从与傀儡政权接触而造成的不抵抗之耻辱中"搭救"出来的根据,也便是这个"生活之艺术"。除此之外,周作人还有一个人生支柱,即通过自称"异端"而获得思想上的紧张(抵抗)与自豪(幽默)的人生哲学。木山英雄在该书最后指出:"我至今依然觉得,面对历史本身激荡的发展变动,他曾有过的那个抵抗并没有真正实现，但自称'异端'所获得的紧张和自豪支撑着他不断地工作，使他在那个时代中顽强地生存下来了。"读到这里，我多少明白了周作人即使在南京老虎桥狱中，亦能用饼干盒上架木板当书桌翻译《希腊女诗人萨福》并创作大量诗歌，由此度过人生一劫的原因。

三

1946年，国民政府根据"汉奸惩处条例"，判处周作人有期徒刑十年。这之后，他的名字便从公众领域消失，甚至被学术界忘却。直到1978年中国实行改革开放，周作人才又回到人们关注的视野。这期间，中国学者的相关研究有了长足的进展，甚至在20世纪90年代于专业研究领域之外一时出现了"周作人热"，其作品得到重印并受到广泛的阅读。然而客观地讲，受历史材料和学者视野的局限，有关战争时期的周作人研究依然不够深入透彻。这不仅影响到对周作人其人和全部思想、文学的整体理解，而且妨碍了我们以此为媒介深入观察中国近现代史乃至中日关系史的视野。在大众性的"周作人热"退去之后，近几年在中国研究界又呈现出比较沉寂的局面。我希望此书的翻译出版，能够引起学界对相关问题的深入讨论，从而为打破这种沉寂局面起到促进作用。

《北京苦住庵记》一方面挖掘、收集到大量鲜为人知的史料，特别是围绕元旦"狙击事件"和周作人出任伪职前后来自日本方面的种种威逼劝诱，还有"大东亚文学者大会"前后，日本各路文人作家与周作人之间发生的种种关系等。作者在20世纪70年代通过大量的史实调查和对日方仍健在的当事人的走访，获得了珍贵的第一手材料。这些材料的大多数，依然是目前中国学者所不知的。另一方面基于"经验性的考究和自然而然的对于人的关怀"，木山英雄针对周作人日伪时期一系列言行背后"动机"的细微解读，包括对其"精神史"所做的鞭辟入里的剖析，足以促使读者重返历史现场，身临其境地去解读周作人的心路历程。比起一些研究者居高临下的道德判断，这样的解读反而更能使我们体味到那个战争时代的黑暗，以及生活于其中的人们内心的苦楚和无奈，从而提升我们对于历史和道德本身的判断能力。至于作者在"新版后记"和"致中文版读者"中提出的，周作人"失败主义式的抵抗其思想之可能性"问题，则更是一个需要我们从单一的民族国家思维框架中跳出来，面向未来予以认真思考和回应的重大课题。我希望中日两国学者对此能够开展深入的讨论。

《北京苦住庵记——日中战争时代的周作人》原由日本筑摩书房出版于1978年。后来，随着新史料的不断出现和周作人越来越受到中日两国学术界的瞩目，木山英雄继续关注战争时期的周作人，并写下一些后续的研究文章。2004年，日文版在改由岩波书店刊行新版之际，则特别增加了"后日编"部分，并以"补注"方式把作者二十余年来新发现的史料和研究成果消化于传记之中，书名则改为《周作人"对日协力"始末——补注〈北京苦住庵记〉及其后日编》。这次中译以岩波书店新版为底本，同时根据作者意见，去掉了"后日编"部分，只保留了其中《知堂狱中杂诗抄》一篇。书名则依然延用旧版的。另外，书中"补注"为2004年新版出版时作者所加，而"注"则是1978年旧版的原注。为保存该书的历史性，这次中译本仍保持原样，没有做硬性的统一。

作为译者，我对去掉岩波书店新版"后日编"的部分略觉遗憾。这里，仅录存其篇目，以备参考：

一、《有关周作人的新史料问题》
二、《周作人致周恩来书简——翻译及其解说》
三、《周作人"狙击事件"与"抗日杀奸团"》
四、《读张深切的北京日记（附日记原文）》
五、《知堂狱中杂诗抄》
附录：《晚年的周作人》（文洁若）

2007年12月

（收入《北京苦住庵——日中战争时代的周作人》，生活·读书·新知三联书店2008年版）

松枝茂夫致周作人函

《中国现代文学研究丛刊》（以下简称《丛刊》）2007年第4期至第6期刊发了周作人致日本友人松枝茂夫函一百一十四封。实际上，包括明信片和电报等，共一百三十四件。其后，我曾作《动荡时代的生活史与心灵记录——读周作人致松枝茂夫信》一文，对这批珍贵的史料进行了初略的疏证和解读。文中，我在将其文献史料和阅读价值比之《周曹通信集》和《周作人与鲍耀明通信集》的同时，对松枝茂夫一方的信函依然未在中国整理出版表示了遗憾。2013年，小川利康、止庵编《周作人致松枝茂夫手札》由广西师范大学出版社影印出版。此书不仅便于查阅，也使人们得以一睹周作人手迹的风采。在序与跋中，小川利康和止庵两先生分别阐释了这批信札的价值，并确认现存的三十七封松枝茂夫一方的信函待合适的机会将在中国刊行，此前日本已出版小川利康编《周作人·松枝茂夫往来书简》全四册。就是说，原本为两人的往来信函，至今中国读者还只能看到周作人一方的，这不能不说是一个缺憾。

在这种情况之下，当2013年年底《丛刊》编辑部联系说，周作人后人已经授权该刊发表松枝茂夫信函并期望我协助翻译的时候，我便愉快地答应了。如今，这批信函的中译已经完成，我想对其形态、数量、内容和翻译过程中遇到的问题略做说明。

首先，这批松枝茂夫一方的信函全部用日文写成，正如周作人一方的信函均用中文书写一样，两人之间似乎有一种默契，既表现出相互的平等和尊重，也是出于彼此方便的考虑吧。这在不同国家间人们的往来通信中，还属少见。让我们看到中日两国之间即使在异常的战争状态下，其文化交流和知识人之间的思想感情沟通。这一点，在后面还将有所涉及。

其次，是信函的数量。我从《丛刊》编辑部所获由小川利康先生整理的电子版松枝茂夫信函，不知为何只有二十八封，而非上面所述的三十七封。后来，周作人的令亲周吉宜先生又直接惠寄来新发现的信函原件复印件十三封，其中包括一封明信片。经过比对，有两封内容上与电子版重复：一封为1956年6月5日所写，另一封是1956年12月中所作。信函内容虽相同，但新发现的信函后面附有购书单。这样综合起来，我所收到的松枝茂夫致周作人信函有三十九封，加上一封写于新中国成立后而具体时间不详的明信片，共为四十封。这些信函的写作起止时间为1936年3月9日至1965年1月4日，其间1944年秋至1954年秋有十年的中断。关于松枝茂夫（1905—1995），小川利康先生在《周作人致松枝茂夫手札》中有详细的介绍，我在上面提到的拙文中也有简单的说明，这里不赘。松枝茂夫致周作人函的内容主要涉及以下四个方面。

一是，向周作人请教其著作文章日译上的问题，实际上也就是外国人如何理解其文字表达的意义。到1944年为止的信函中，最主要的内容便属于这一方面。这些来函可以和周作人的复函一一对接起来阅读，从而清楚地了解松枝茂夫的提问所在和周作人作答的来龙去脉，极具文献史料价值。

二是，信函中完整地反映了松枝茂夫所译周作人著作文章在日本出版的过程，实际上从一个侧面反映了周作人作品在"二战"期间日本的传播史。虽然是在中日两国激烈交战的大历史背景下，但周作人著作的主要部分经由松枝茂夫之手都得以在日本翻译出版。计有：《北京的果子》（山本书店1936年版）、《周作人随笔集》（改造社1938年版）、《中国新文学之源流》（文求堂1939年版）、《周作人文艺随笔抄》（富山房百科文库1940年版）、《瓜豆集》（创元社1940年版）、《结缘豆》（实业之日本社1944年版）。松枝茂夫甚至有独立翻译周作人全部作品的计划，但因日本的战败和中国抗战结束后周作人被惩处的政治问题，计划才告终止。这与整个20世纪里日本众多学者不懈译介鲁迅，恰成彼此对照、遥相呼应的双璧。

三是，中华人民共和国成立后周作人写作的权利得到部分恢复，为了翻译日本古典及现代文学而请松枝茂夫代购日文原版图书，以及松枝茂夫在战后参与鲁迅及现代中国作家的日译工作而请周作人代购中文图书。这样一种相互代购图书的做法，不仅是为了抵消彼此所需的书款，更是在两国没有正常邦交的情况下，默默推动民间文化交流的不自觉行为。阅读松枝茂夫这批书信我们得以了解到，日本战后以岩波书店为主体积极推动鲁迅作品翻译出版的情况，而作为翻译团队中的一员，松枝茂夫通过周作人获取了人民文学出版社等的最新鲁迅著作集，包括注释本的全集等。周作人不遗余力地代为收集、邮购书籍，可以说为鲁迅在日本的传播也做出了自己的贡献。如果将两人的这些信函对接起来阅读，可以从中窥视到在战后一段特殊时间背景下中日两国文学交流的许多历史细节。此外，从20世纪50年代末开始，松枝茂夫的信函中不断出现为周作人及其家属代购和寻找药品的内容，这也从一个侧面透露了晚年周作人的生活信息。

四是，随着交往的深入，周作人不仅是松枝茂夫敬仰的异国文学家和求教对象，更成为自己可以倾诉人生悲喜的知心朋友。于是，越到后来的信函，越可以不时读到松枝茂夫向周作人倾诉翻译工作的艰辛、个人生活方面的苦恼和喜乐，尤其是日本战败前后个人生活境遇的变迁等消息。这方面的内容虽然不多，却使我们从平凡者身上得以体察日本社会大变迁的片片剪影，可谓弥足珍贵。此外，这批信函还使我们弄清楚了松枝茂夫与周作人交往的整个过程和许多细节。比如，我在上面提到的拙文中曾介绍说：两人唯一一次见面是在1934年周作人访日之际，但读到这批信函后才知道，实际上松枝茂夫另有一次访问中国的行程，即1942年2月至3月间途经上海、杭州、南京、绍兴，最后到达北京，在八道湾得以见到仰慕已久的周作人，留下了美好的记忆。1942年1月11日和11月19日的两信，便详细地记录了他这次中国访问的情况。在此，我愿意借这个机会，订正此前拙文的误记。

这次翻译松枝茂夫的信函，遇到一些字体难以辨认、日语外来语无法查考其含义、信函日期不明等问题。我主要根据已出版的《周作人致松枝茂夫手札》等相关资料细加核对，做了妥善处理。例如，字迹无法辨认处用"□"来表示，对信中只称其姓的中方人士注出姓名全称等。总之，施加了最小限度的注释。另外，对信中引用的周作人著作文章都一一核对了原文。我希望能给中国读者提供一个可以信赖的中译文本，但限于个人的能力，难免仍有疏漏，还请广大读者赐教。

2014年6月

（原题为《关于松枝茂夫致周作人函》，载《中国现代文学研究丛刊》2014年第11期）

人歌人哭大旗前

——木山英雄《人歌人哭大旗前》译后记

《人歌人哭大旗前——毛泽东时代的旧体诗》是日本中国文学研究家木山英雄先生的著作，这已经是由我转译成中文的第三部他的著作了。与前两部的《文学复古与文学革命——木山英雄中国现代文学思想论集》和《北京苦住庵记——日中战争时代的周作人》分别为论文集与作家研究传记不同，这第三部不仅角度特别，而且讨论的问题重大，可以说是作者集大半生的知识积蓄和思考力量，透过现代旧体诗（大都为狱中吟）这一特殊的文学形式，来观察20世纪中国革命经验与教训的力透纸背之作。换言之，这是作者在晚年为自己设定的一个非同一般的文学研究课题，更是对有关中国革命和亚洲同时代史问题的一个思考结晶。因此，这本著作已然超越了一般文学（新旧文学、新诗与旧体诗等）的研究范畴，而更逼近20世纪革命政治和思想变迁史的深层，为一般读者提供了思考现代中国的崭新视角。

本书于2005年由日本岩波书店出版，中译本也便根据这个版本。作者以十余位现代中国文人、政治家所写的旧体诗为研究对象。他们大都在20世纪50年代前后政治大变动中经历了人生坎坷，而于艰苦环境下的革命内部遭遇残酷斗争和无情打击，有的矢志革命、忠贞不渝，有的则感伤幻灭、冷眼面世，结果以中国最古老的文学形式——旧体诗，吟唱出自己冤屈无告的心声。木山英雄先生在亲手收集的材料和直接与那时还健在的当事人密切接触的基础上，通过分析其在狱中或追求革命的路上有意无意间创作的旧体诗，细细体察诗人的精神苦闷、心理变动、对革命的不懈追求和理想的幻灭，并通过这样的体察试图理解几十年革命中国的经验教训。这无疑是日本从事中国文学研究的一般学者所不曾想到的观察视角。何止在日本，在革命的本家中国又有谁以这样的特殊视角如此细致地品味了那段不同一般的革命史呢？

因此出版之后，该书便受到了日本学术界的高度评价。鲁迅研究专家中岛长文认为，该书以弄潮于现代中国同时也被现时代所"翻弄"的"诗人"之旧体诗为材料，认真追究旧体诗本身的问题乃至"诗人"与时代的关系，其观察问题的视角之新颖令人惊叹。书中所讨论的诗人虽程度有所不同，但都以一己之身承担了中国现代的思想和文化，可谓是鲁迅死后的"鲁迅们"。在木山英雄用从容不迫的笔致一首一首细致入微的解读中，他们在苦难的生活中或者偶得余生的小清闲时寄托于旧体诗的感情和思想、那鲁迅死后的"鲁迅们"之身影和时代得以鲜明地呈现出来。这部著作无疑是矗立在超越了"二战"后日本鲁迅研究的新境地上的一座丰碑。

中岛长文的评价相当妥帖,"鲁迅死后的鲁迅们之身影和时代"也是一个独特的角度和评价方式。我更想到有关中国革命那一段历史的记忆问题。"前车之鉴、后事之师",这是中国人信奉的一句老话,历史不应被遗忘。然而,历史无时无刻不在有意无意间被遗忘和流失着。我在阅读、翻译这部著作的过程中,甚至感到作者仿佛与历史记忆做有意识的抗争一般,要以文字记录下那"无数人们"于"无穷远方"所践行的那段革命历史。虽然中国革命对于木山英雄这位日本学者来说是"身外之物",或者正因为如此,他可以取一种"了解之同情"的态度和旁观者立场,讲述一段段曲折迂回、有声有色的故事。

20世纪中国革命的那段历史不应被遗忘。它作为21世纪中国人实现梦想和社会发展蓝图的政治认同基础与文化思想基因,理应得到认真的清理、总结和不断反思。不如此,无数革命牺牲者的鲜血将白白流淌,他们的魂灵将成为无告的鬼魂,尤其是在记着这些牺牲者的那一代人也将故去之后。而中国革命的传承,在一般的历史记录等方法之外,还需要"故事"化的文学叙述,因为这将更生动逼真地传达前辈们在正史中无法被传达的声音,以有力地抵抗人们对历史的遗忘。正是在这个意义上,我特别关注《人歌人哭大旗前——毛泽东时代的旧体诗》一书的内容并勉力将其翻译介绍到中国,希望关注革命历史的普通中国人乃至文人学者能够从中得到各自不同的启发。

　　这本书的大部分章节最初作为单篇文章连载于岩波书店的《文学》杂志，从那时我就开始了部分篇章的中译工作。因此，我的起手翻译比成书的时间还早，算来有十年之久。其中《生老病死的戏谑——启功》《庐山真面目——李锐》和《旧诗之缘——聂绀弩与胡风、舒芜》三篇被最早译出，也曾收录到《文学复古与文学革命》论文集中；"《沁园春·雪》的故事——诗之毛泽东现象，附柳亚子"一章，则刊载于《中国现代文学研究丛刊》（2003年第4期）；《当代中国旧体诗词问题》则是作者于2004年在北京大学的讲演，后由我翻译成中文收录于《东亚人文·第一辑》（生活·读书·新知三联书店2008年版）。这次翻译全书，虽然对上述章节做了修改和校订，但依然留下不同时期译笔语调上的差异，这是要请读者谅察的。

　　此外，书中的第五章"老托洛茨基派的狱中吟——郑超麟"和第七章"冤狱连环记——扬帆，附潘汉年"，曾由蔡春华先生翻译并刊载于上海的文学杂志。这为我的翻译提供了参考，特此致谢。第九章"孤绝中的唱和——胡风、聂绀弩"，曾由王建先生译成中文，收录于《中日学者中国学论文集——中岛敏夫教授汉学研究五十年纪念文集》（复旦大学出版社2006年版）。该译文尽可能忠实于原文，其译笔风格也与我的接近，故在征得责任人同意后，基本上按原样收入这个译本中。据悉，王建先生已经辞世。我希望以这样的方式，能够表达对他的敬意。

2014 年 5 月

(收入《人歌人哭大旗前——毛泽东时代的旧体诗》，生活·读书·新知三联书店 2016 年版)

亚洲叙述的历史与当下
——子安宣邦《近代日本的亚洲观》译后记

2000年,日本思想史学者子安宣邦开始在《环》杂志上连载"关于东洋"的系列文章,后结集出版而受到日本知识界好评的就是这部《近代日本的亚洲观》(藤原书店2003年版)。这里,集中考察的是相当于"Orient"的东洋,相当于"Asia"的亚洲和相当于"East Asia"的东亚,这三个概念的历史发生。特别是对其中的"东亚"概念如何在20世纪初日本,从作为文化上的概念逐渐转化为帝国地缘政治上的话语,而由日本首先提出并流通于该地区的历史过程,进行了"知识考古"式的清理和解构分析。

促使作者从事这项艰巨考察的,不仅在于"东亚"是日本现代知识制度中一个重要的组成部分,与帝国的亚洲经营和殖民侵略暴力血肉相连,更在于自20世纪90年代初新一轮"东亚叙述"在中、日、韩三国迅速成为知识界关心的话题,而到了新世纪则大有变成知识消费对象的趋势。可是,三国学者都少谈这个概念的话语编成和概念演变的历史,个中原因或者出于国际交流的"客气",或者是日本人有意回避其难堪的历史。总之,如果不对"东亚"概念的历史成因进行解构批判，就不能指望它成为 21 世纪具有生产性的公共知识。作为出生于战争年代的学者和有社会良知的日本知识分子，子安宣邦说："在历史中看到了'东亚'已然死灭的人，是不能容许人们以模糊其死灭历史的方式来重构这个'东亚'概念的。"

这是此书要讨论的基本内容和主要宗旨，表明它不仅是有关"东亚"的思想观念史，同时也是密切关注当下知识生产并与之对话的著作，基于学理考据而积极参与话语实践，这是此书的最大特色。因此，可以将其归入作者始于 20 世纪末的系列"知识考古"工作之中。此次生活·读书·新知三联书店计划出版子安宣邦的著作系列，决定纳入此书也正可谓恰如其分。这同时，也给了我一个重译此书的大好机会。

子安宣邦是我喜爱的日本学者之一。他的名字被中国学界所认知，应该是始于我的介绍。我最早译介他的著述，大概在 2003 年留学回国之际。当初，还在日本时读到他这些系列文章，我就曾为其深度历史批判所震撼。后来，又有机会参加他主持的一个日本思想史读书会，进一步了解其整体学术风貌。于是，产生了选译此书和稍早出版的《近代知识考古学——国家、战争与知识人》（岩波书店 1996 年版）的主要部分，在中国出版的想法。结果，是由吉林人民出版社于 2004 年出版了《东亚论——日本现代思想批判》。

光阴如梭,如今这个"吉林人民版"已是十七年前的译本了。当初考虑到学术翻译著作的出版困难,而有了集两书精华于一册的不得已做法。但是,其所造成的对于原书整体风貌的破坏,加之译文质量的粗鄙,一直是我心中的一个遗憾。故而,"三联书店"这回计划出版子安宣邦的著作系列,约我翻译此书,我的确有获得重译机会而喜出望外之感。

子安宣邦做学问,擅于将源自西方的后现代理论不露痕迹地融化在思想史研究之中,而且其"知识考古学"涉及近代日本的历史学、民俗学、语言学、社会学等方面,翻译起来的确繁难。加之,作者为形成话语批判力度采用了文辞反复语句叠加的表达方式。作为日语文体确有回肠荡气乃至攻其一点、不及其余的"突围"效果,但是移译为中文,则往往呈现同义反复而叠床架屋的负效果,不堪卒读。因此,翻译过程中,我不断温习西方后现代理论,尽量找到书中所涉原始文献、著述并加以对照比勘,以期准确传达其意思;同时,也灵活采用直译和意译两法,做到既保持原文风貌又使中译通顺畅达。当然,努力的成果如何,只有听从广大读者的评判了。

附带说明,此书的"中文版作者序言"是2004年出版《东亚论——日本现代思想批判》时尊请子安宣邦先生所撰,内容上是针对两书而言的。不过,我觉得它非常好地传达了作者基于个人战争体验和政治关怀而从事"知识考古"工作的心境与目的,对于中文读者的期待也殷切诚恳，有助于我们深入理解此书的内容。故仍予保留，并置于此书之前。

2018 年 4 月

（收入《近代日本的亚洲观》，生活·读书·新知三联书店 2019 年版）

近代日本的知识考古

——子安宣邦《近代知识考古学》译后记

一如子安宣邦先生在"中文版作者序言"中所言，此书是在出版于1996年的《近代知识考古学——国家、战争与知识人》（以下简称《近代知识考古学》）基础上，外加一篇发表于1994年的《"近代"主义的错误与陷阱——丸山真男的"近代"》（以下简称《"近代"主义的错误与陷阱》），又从2007年问世的《日本民族主义解读》（白泽社版）一书中选取四篇相关论文，而重新编定的一个全新中文版本。这在生活·读书·新知三联书店推出的"子安宣邦作品集"中，属于比较特殊的一本。

《"近代"主义的错误与陷阱》一文，实际上发表于岩波书店版《近代知识考古学》出版之前，原来计划收入该书，但由于内容上有部分重复，故没能实现。作者认为，此文与书中第四章主要讨论"二战"前"日本的近代与近代化论"的内容密切相关，同时作为丸山真男论可以独立成章，且能代表"二战"后日本的近代化论走向，故作为第五章收入目前这个"三联书店"中文版。此次中文版的第八章至第十一章，则选自《日本民族主义解读》一书。另外，中文版的书名依然沿用1996年的岩波书店版，因为它最能代表子安宣邦二十余年来思想史研究的路径和批判立场。

我在拙著《日本后现代与知识左翼》（2017年修订版）中曾这样评论此书：

> 1996年，岩波书店出版了日本思想史学者子安宣邦最具批判锋芒的著作《近代知识考古学——国家、战争与知识人》。该书在学术界和社会上产生了相当大的冲击力和不同的反响，清晰地显示了一位学养深厚的研究者深邃的学理思考，以及作为一个公共知识分子其强烈的政治关怀与批判意识。在个人的学术思想历程中，这部著作作为一个分水岭，标志着子安宣邦从江户儒学研究者向近代日本思想批判者的研究重心转移。换言之，他是在总体把握了三百年江户思想之变动发展的历史脉络后，逐渐将思考的视线转向近代日本的，并以近世以来四百年间东亚地缘政治变化的长时段视角，逼视问题重重的当下日本和东亚。因此，在20世纪90年代以来传统左翼批判势力日渐衰退的日本知识界，他以思想批判的深刻性和尖锐性成为广受关注的对象。

也就是说，《近代知识考古学》的出版在子安宣邦的学术生涯中是一个标志性的"事件"，它预示了其此后二十余年来的批判视野和思想史方法论路径。对于要全面了解他的著作的中国读者来说，我们可以视此为一本导论性质的著作。说到批判视野和思想史方法论路径，可以认为子安宣邦作为日本后现代时期学者的身份，是在不断与丸山真男的思想史研究进行对话和挑战的过程中建立起来的。他的丸山真男批判，同时也是自身立场与方法论的表明。我理解，这也正是子安宣邦坚持将《"近代"主义的错误与陷阱》一文收入"三联书店"中文版的原因所在。因此，特别希望中国读者加以留意。

在此文中，针对丸山真男的代表作《日本政治思想史研究》（1952），子安宣邦将其与同时期的霍克海默、阿多尔诺的《启蒙辩证法》相比较，发现丸山真男的近代主义"话语"确实具有他自己一再强调的批判战争期间"近代的超克"论的一面。但是，他并没有像《启蒙辩证法》那样从根源上去反思"超克"论所讲的那个"近代"，而是把对"近代"的怀疑置换成"近代性思维"在日本是否成熟的问题来讨论，从而在"二战"后的日本构筑起"近代主义"的知识话语。在此，子安宣邦强调：问题就在于近代主义本来就不具有质疑和指控"近代"本身的视野。因此，这个与"近代的超克"之历史哲学话语相抗争的"近代主义"，也就未能建立起彻底批判发动帝国主义战争的日本国家所依据的"近代"理念视角。

如果说丸山真男的思想史方法论以及明治维新以来的日本知识话语体系可以称为"在近代思维中思考近

代",那么子安宣邦的则为"在近代视角之外思考思想史"问题。其核心就在于跳出"近代思维"的框架,反省和解构"近代"本身以及围绕于此所形成的日本知识制度。在具体方法上,子安宣邦则主要受到福柯"知识考古学"的启发。第一,把思想史上的某个学说或理论论争视为话语"事件",以颠覆后人的学术叙事对之进行的历史本质论重构。《近代知识考古学》就是要从"话语分析"和知识谱系学的视角揭示近代日本自我同一性话语建构的秘密,颠覆以往从近代主义视角建立起来的思想史叙述。第二,要进行这样的解构式阅读和思想史研究,需要改变丸山真男那种"在近代思维中思考近代"的方式,"必须认真地将我们自己的视角设定在近代话语机制之外",因为近代话语机制总是在内部不断地再生出关于"日本""日本人"之民族国家同一性的神话。第三,为了挑战"本质性意义论"而提出"话语性意义论"的策略。

我们知道,米歇尔·福柯是法兰西学院的思想史教授,他研究思想史与以往建立在客观性科学实证基础上的历史学不同,他用"考古学"的方法考察现代人普遍接受的知识、思想和信仰被建构起来的过程。在他看来,历史都是人为建构起来的话语体系,而作为话语被建构起来的知识则与权力息息相关。思想史研究就是要用"考古学"的方法和"系谱学"的相关知识一层层地挖掘知识、思想、信仰被建构起来的历史,以揭露权力操纵和支配知识话语的秘密。不如此，就无法摆脱启蒙知识对人类身体和思想的压迫，就不能实现人的真正解放。这样的方法，无疑是对近代历史学乃至近代主义观念的根本性颠覆。

正如福柯研究历史注重的不是"客观事实"而是"观念""知识""话语"的产生机制以及与权力的关系，不是去发现人文科学中的"客观真理"而是注重对"理性话语"操纵知识和真理这一隐蔽的事实加以批判一样，子安宣邦的《近代知识考古学》注意在特定的思想史话语空间中，确定某一个概念或者思想学说出现的"事件"性，即这个思想学说是针对什么而发的，何以这样言说，它与当时的社会意识形态构成怎样一种关联，后人又是怎样解读和重构这个思想学说的。与此同时，这种不断被重构的知识话语一旦体系化，便会成为压迫、遮蔽其他思想学说的权力桎梏而束缚人们的思考视野。对近代日本的"知识考古"，就是要颠覆"近代主义"话语一直以来的霸权。

我想，此书中对柳田国男"一国民俗学"、"二战"以前京都"支那学"、"二战"前后"国语与日本语"之争、现代化与现代性论述、战争记忆与战争叙事，乃至"日本民族"概念、人间伦理学与"种的理论"之民族主义本质的分析，都不是一般概念史、学术史意义上的研究，而是在解构主义批判意义上的话语分析和知识考古。其中深藏的近代反思，尤其值得我们留意。以上，是我多年来阅读和翻译子安宣邦著作过程中的一点体会，期待着能与广大读者共享。

最后我想表示，在子安宣邦二十余部系列著作中，我最喜欢的是《近代知识考古学》和《近代日本的亚洲观》两种。而此次"三联书店"推出他的作品集，能够让我来担任这两书的翻译，实在是非常幸运的事情。虽然《近代知识考古学》远比《近代日本的亚洲观》要晦涩难译，我还是勉力而为，尽可能求"信"求"达"，而为了最终达到"雅"的境界，殷切期待方家对拙译提出批评指正！

2020 年 6 月

（收入《近代知识考古学——国家、战争与知识人》，生活·读书·新知三联书店 2022 年版）

"必定轰动世界"
——范士白《日本的间谍》整理者序言

正如埃德加·斯诺的扉页题词"必定轰动世界"所期待的那样,《日本的间谍》在中国人民全面抗战的第三年出版,具有特殊的政治意义,也的确产生了轰动效果。据查,当时就有两个完整、公开的译本。一种是民华译的"新生书局版",一种是尊闻译的"生活书店版",两种版本的出版时间均在1939年。这次重版的底本,便是后者的"生活书店版"。我们还不知道此书原稿是否在海外出版过。据当时《曼哲斯特卫报》和《亚细亚》杂志的记者——英国人田伯烈在序言中的介绍,以他本人对当时日本殖民者统治下之伪满洲国的了解,《日本的间谍》所描述的种种事实具有无可争辩的真实性;而曾经读到此书原稿的美国著名记者埃德加·斯诺则有如下评语:"本书所叙述的事件、人物和情境,都具有各种自明的真确性。它是一种无可疑地有特殊价值的内幕故事。"

正因为具有无可争辩的真实性和揭示内幕的震撼性,才使此书的出版产生了轰动效果。它为中国人民认识日本帝国主义对伪满洲国实行殖民统治的真相,提供了不可多得的事实根据。《日本的间谍》是20世纪前半叶著名国际谍报员和新闻记者、中国籍意大利人范士白根据自己受雇于日本特务机构的亲身经历，所写就的一部揭露日本殖民者在中国东北以秘密特务网络、无所不在的宪兵警察乃至军队进行高压统治之真实状况的著作。

1932年2月至1936年9月，作者范士白在日本特务头领土肥原贤二的威逼下，被迫为日军在哈尔滨的特务机关服务，亲身参与了调查和改组在哈尔滨的白俄团体；组织和指挥土匪对活动于中国东北的犹太人实行抢劫、暗杀、排斥；利用土匪破坏中东铁路的运营秩序以向苏联施加压力；暗中监视国际联盟李顿调查团的活动；同时又与东北义勇军和抗日游击队保持联系，多次实施了游击队与日军对换俘虏的联络工作，等等。在从事这些卑劣、肮脏的秘密特务活动的过程中，作者范士白逐渐对日本侵略者无恶不作的高压统治产生了厌恶和切齿的憎恨情绪，也渐渐形成了批判和揭露日本特务统治内幕、同情以东北义勇军和抗日游击队为代表的东北广大人民的政治立场。

这一政治立场也便是此书的基本立场，它与内容的真实性一起，成为全面抗战爆发后中国读者关注此书并产生轰动效果的主要原因之一。我们在时隔六十余年后的今天重印此书，则至少有以下两方面的价值。第一，作为历史研究的资料著作，由于它具有相当的真实性和揭示内幕的特征，而成为比较可信的第一手文献资料，可以使研究者进一步深入了解日本殖民统治东北的内部形态和结构，认识当时日本所宣扬的伪满洲国"五族和亲""太平盛世景象"是如何地虚假，以及被压迫者起而反抗和斗争的真实历史。第二，作为地理游记，或者不如说一个国际著名谍报员对伪满洲国不平凡的人文纪实著作，它可以使今天的一般读者在了解伪满洲国背后真正的统治者——日本帝国主义种种特务暴行的同时，加深对中国现代史，特别是20世纪前期中国四分五裂的被殖民、被侵略历史，乃至中国人民英勇反抗斗争的理解。

为了进一步加深读者对此书内容和作者范士白个人经历的了解，我想在此做个比较，即埃德加·斯诺的《西行漫记》与此书的异同。

当然，《西行漫记》（1938）和《日本的间谍》（1939）是内容和格调截然不同的两部著作。但是，它们均由有长年从事新闻记者工作经历又十分了解中国情况的外国人所著，同样在抗日战争爆发前后出版于中国，均为当时著名的进步出版机构——生活书店的出版物，一样在出版后产生了轰动效果。《西行漫记》作为一部优秀的报告文学，以埃德加·斯诺亲身考察的第一手材料，详细记述了中国共产党人和红军将领为了伟大的理想而开展的长期斗争，客观地评价了中国革命和中国共产党，第一次完整地向世界和中国人民做了公正的报道，从而揭开了革命圣地延安的神秘面纱。从这个意义上讲，该书以中国的某一地域为背景记述共产党革命政权鲜为人知的侧面，为世人了解当时中国革命的复杂性提供了重要的线索，也是一部轰动一时的人文地理游记。《日本的间谍》则向世人揭示了当时中国另一个鲜为人知的地域——伪满洲国的内部情况。该书作为作者亲身经历的记述，则同样可以视为一种特殊的人文地理游记。

如果说，《西行漫记》的巨大影响力在于让浴血奋战中的中国人民了解到抗战斗争的另一种革命力量的所在，甚至发现中国未来社会发展的新方向，从正面坚定了举国抗战的信心和勇气，那么《日本的间谍》则从反面向广大中国人昭示了日本殖民者种种令人发指的统治罪行和东北义勇军以及游击队的正面形象，在加强了自己与东北沦陷区的整体连带感的同时，坚定了与日本帝国主义抗战到底的决心。从这个角度上讲，《西行漫记》的作者埃德加·斯诺为《日本的间谍》所作扉页题词——"必定轰动世界"，具有某种象征的意义。

最后，交代一下作者范士白的命运结局。范士白（Amleto Vespa，1888—1943），又译为万斯白、范士伯、樊思伯等。有关他的生平经历，在田伯烈的此书序言中有详细的介绍，读者也可以参照书中作者自己的相关记述。那么，1936年9月范士白逃出日本特务组织的魔掌，来到上海并出版该书以后，结局怎样呢？可以想象，如此真实有力地揭露了日本侵略者统治伪满洲国的蛮行，必定遭到日本当局的痛恨。抗战全面爆发后的1937年8月，范士白移居马尼拉，过着隐居的生活。然而，不久的1942年，日本侵略军占领了菲律宾。范士白虽隐姓埋名,流亡于山村乡间,但终未逃脱魔掌。1943年,他遭到逮捕并被日本宪兵所杀害。

在世界反法西斯战争和中国人民抗日战争胜利六十余年后的今天,我们不应该忘记这位中国籍意大利人的名字——范士白。

2012年10月

(收入《日本的间谍》,中国青年出版社2012年版)

附 录

以东亚同时代史角度寻求中日真正和解
——《南方人物周刊》访谈

邓 郁

1944年11月7日,作为佐尔格国际谍报小组的重要成员,曾以《朝日新闻》特派记者身份滞留上海的尾崎秀实,因为把日本将"南下"而非"北上"攻打苏联这样重大的情报透露给共产国际,被日本法西斯处以绞刑。他提供的情报在结果上影响到"二战"的最终走向。

"他参与过左联活动,是对中国革命作出过贡献的人。但直到2010年前后,尾崎秀实才开始受到中国人的关注,那还是因为'二战'期间最大的国际间谍案,还处在一个被大众娱乐消费的层面。"从事中日文学思想与东亚近代史研究的北京第二外国语学院教授赵京华说。

直到在日本看到大量材料、听到日本朋友谈及尾崎其人,赵京华才进一步了解到,尾崎秀实是一个远远领先于时代的中国观察家。另一位大半生在中国度过的日本新闻评论人橘朴,同样具有言说的复杂性。

在赵京华看来,任何一个世纪没有像20世纪那样,因为战争和革命带来如此巨大的灾难和冲击,但也因此让人形成了空前紧密的联系,成为矛盾抗争乃至休戚与共的利益攸关方。他的导师木山英雄曾讲过一句话,中国革命对于我们日本人来说虽然是(不曾经历的)身外之物,但"毛泽东的革命有深远的亚洲历史和现实的渊源",所以我们可以感同身受,去寻找作为亚洲"同时代史"的意义。赵京华因此被打动。

2003年从生活了十多年的日本回国后,他不再满足于既往比较文学研究的方法。"那种A对B的影响比较,往往预设一个不平等的结构关系,忽略了中日乃至东亚区域内彼此纠缠在一起的种种复杂关联。"受日本学者山室信一"思想连锁"的影响,赵京华建构和发展了自己进行中日关系研究的"东亚同时代"视角,希望重拾那些失掉的历史"环节"。在其著作《中日间的思想——以东亚时代史为视角》里,他梳理和解读了发源于西方而经日本流传于东亚的"文明等级论"、"二战"后日本种种"近代的超克"论、不同语境下的"亚洲主义"、日本的中国研究与鲁迅论述等论题。

"研究明治以来的日本,其实也是在思考我们自身。如何避免在现代化发展的过程中走上弱肉强食的霸权国家道路,不仅是日本,也是我们今天面临的重要问题。这是赵京华的问题意识,也是他的道义所在。"学者李冬木表示。

"二战"前最了解中国的日本人

问:在《中日间的思想》一书里,你写尾崎秀实相当用力。今天我们该如何看待尾崎中国论的思想遗产？他和橘朴的复杂性在哪里？

答：首先，尾崎秀实在 20 世纪 30 年代看到了疾风暴雨般大变动的中国，特别是"反日"浪潮不断高涨的背后，有 20 世纪社会革命的内在根本动力，中国人民要求民族解放的欲望亦与此社会革命紧密关联在一起。也因此，在西安事变爆发之际，他能够看到抗日民族统一战线的必然结成；而在中日战争进入僵持阶段，他曾寄希望于"东亚协同体"，但对"大东亚共荣圈"的帝国主义叫嚣不以为然，认为其中包含称霸区域和民族压迫的不平等逻辑，这将无法得到中国和广大亚洲民族的认同。他在 1941 年被捕前就直接讲，"日本应该抑制露骨的帝国主义要求"。在形势错综的战争中，依然有如此杰出的中国论，这非常了不起。

其次，是中日战争陷入沼泽状态，如何解决两国关系？当时在日本有好多不同的意见。尾崎秀实认为，战争僵局已然不可能"速战速决"，必须谋求"根本的解决"。这便需要进行一场亚洲的革命和改造。

今天已经很少有人了解这位杰出的"二战"前日本中国问题观察家尾崎秀实，仿佛已成为"失掉的历史环节"。可是你看鲁迅的日记，日本人对鲁迅和尾崎秀实等人关系的回忆，会发现当年的鲁迅和他们有相当深的关联。鲁迅对尾崎秀实的评价是：这个人的德语很好，人也坚实。

"二战"刚结束时，曾被指责为"卖国奴"的尾崎秀实，在日本得到了重新评价。思想舆论界普遍认为他是伟大的共产主义者，一个反战的国际主义斗士。可当时正好是中日断交的时期，两国几乎就没有交流，所以中国很少有人知道他，更谈不上对其加以学理研究。从中国的位置出发，为回应他一生对中国革命那份深情厚谊，也为他的中国论述的远见卓识，我们理应纪念他，并开掘其中国论述在当下的深远思想价值。这是我关注尾崎秀实的原因所在。

当然，尾崎秀实是复杂的历史人物。在中日战争的极限状态下，他作为日本新闻记者乃至战时近卫内阁的智囊，同时又是隐蔽的共产主义者，其言行的真意究竟如何？他留下的文字扑朔迷离。我们需要拨开重重历史的迷雾和文字的晦涩曲折，去体会他的真心实意。例如，即使到了"二战"后，在尾崎秀实是一个国际主义反战斗士还是一个民族主义者方面，依然评价不一。我通过深入阅读他的所有文字，坚信他首先是一个伟大的国际共产主义者，一个反战而追求世界革命的斗士。

橘朴也是中国人很少知道的历史人物。与尾崎秀实一样，他也是一个复杂的存在。我是从鲁迅那里了解到他，并开始开展研究的。鲁迅曾对日本友人增田涉说，橘朴这个人比我们中国人还了解中国。但"九一八"事变后，他的立场发生了"方向转变"，从一个在野的民间学者和中国问题观察家，转变为投身伪满洲国建设的理论家。大战爆发后，他更积极参与"大东亚共荣圈"的讨论。但是，橘朴在前期对于中国历史和文化的实地考察与研究，也确实达到了卓越的水平，与尾崎秀实一起被称为"二战"前最了解中国的日本人。他在中国生活了大半生，直接经历了20世纪上半叶惊涛骇浪般的中国革命及其社会变迁，留下了大量生动的记录。在我看来，这一样也是东亚同时代史中"失掉的历史环节"，我们应该加以关注。

"近代就是我们自身"

问：子安宣邦对你的影响很大。他对于日本"近代性"（在日语里"近代"来自英文的 modern，和中文的现代意义接近）问题的批判，有多么独特和深入？

答：子安宣邦能够真正把后现代主义，特别是福柯的解构主义那套理论吃透，而不露声色地融合到自己对日本近代的批判中去，的确了不起。他因为批判的尖锐而树敌很多，在日本学术界是一个孤独的存在。他的批判有时可能显得直截了当而被误解，而实际上，很少有日本学者能像他那样把反思、批判的知识分子立场贯彻到底。所以在这一点上，我非常敬重和欣赏他的学问。

比如说，他对于丸山真男这样的学问大家也可以一直批判到底。虽然丸山真男是"二战"以后日本进步知识分子的代表，但是很显然他对西方现代性缺少反思、对市民社会价值的肯定，在今天看来也确实有问题。所以，我一直强调子安宣邦和丸山真男之争，是不同时代的知识分子出于现代主义和后现代主义的不同思想立场所导致的。子安宣邦坚持对日本的近代历史和殖民侵略战争进行深度的现代性反思层面的批判，这一点在今天尤为重要。

问：说到"近代思维"，必须回溯1942年那场名为"近代的超克"的座谈会。"近代的超克"究竟为何意，它与此前的日本亚洲主义构成怎样的关系？对"二战"后日本的东西方关系认识又有怎样的影响？

答：这次座谈会的背景是1941年12月太平洋战争的爆发。1942年，一批日本知识精英召开了这个名为"近代的超克"的座谈会。他们在会上讨论东洋如何克服和超越西洋的近代。这的确是明治维新以来日本一直面临的问题，即如何迎拒西方的现代性问题。然而，这个"超克"的口号同时有着为战争意识形态服务的昭然若揭的目的，因此在战后被称为"臭名昭著"的理论口号。

到了1959年，竹内好发表《近代的超克》一文重提"超克"论，是希望从被殖民侵略战争严重污染了的近代日本民族主义中"火中取栗"，以作为重铸日本"二战"后民族主体的思想资源。在此，竹内好提出了一个错误的判断，即"战争二重结构"论。他认为，1931年以来日本对中国大陆推行的战争是一种殖民侵略战争,而1941年的对英美宣战则是帝国主义战争。这种战争的二重结构源自近代日本对外采取的双重原理,即面对欧美采取"亚洲原理"而面对亚洲则采取"欧美原理"。这也正是日本最后陷入战争深渊的主要原因之一。

我们今天可以明确地说,竹内好这个"二重结构"说是错误的,不仅在事实上而且在逻辑上。其中虽有日本帝国主义制裁英美帝国主义的战争,但其对广大亚洲地域的殖民侵略性质依然没有改变。这也是子安宣邦在《何谓"近代的超克"》一书中尖锐指出和激烈批判的。

问:对"反近代主义"和昭和意识形态,对"超克"论,有形成破解之道吗?

答:1942年的座谈会上是一片声讨西方近代而要"超克"之的声浪,只有京都帝国大学的科学哲学教授下村寅太郎提出:"近代就是我们自身"。就是说,那个人们所说的被西洋侵犯、使日本陷入混乱的"近代",实际上已经成为他们自身了,因为接受了这个"近代",才使日本成功实现了"近代国家化"!包括今天的制度和思想,乃至衣食住行不都已经在这个"近代"(现代)里面了嘛,怎么把它严格地分开?

子安宣邦说那个座谈会的发言,唯一值得肯定的就是下村寅太郎。对于这个问题,日本"二战"后的知识分子并没有注意到、处理好,包括竹内好、丸山真男,等等。时至今日,东西方二元论依然盛行,这样造成了好多偏颇。但是,跳出这种近代思维是否可能?如何创造这种可能性?子安宣邦提出了"作为方法的江户",即在"近代"之外观察和反思"近代"的思想视角。

问:亚洲原理也好,竹内好后来提出的"作为方法的亚洲"也罢,类似的"东亚/亚洲共同体"概念一再被提起。你在《记忆的政治学》这篇文章里,曾提到过这样的质疑:"你(们)说的是谁的亚洲?东亚共同体会不会是帝国亡灵的再现?"

答:是的。20世纪90年代中国经济崛起以后,日本经济界出现了所谓的"亚洲经济共同体"这样一个提法,新一轮的"亚洲论述"也随后兴起。人们开始接触后殖民理论,对"西方中心主义"产生质疑而重谈亚洲。这是很好的一个视角,今天的区域研究也还在发展。但是在子安宣邦看来,尤其是当日本人也来参与亚洲论述之际,如果对历史没有反省的话,就会重蹈覆辙。

因为亚洲主义是日本人首先提出来的。明治初年,日本人要联合亚洲弱小,共同抵抗西方的冲击。可是到了后来,日本自己变成帝国主义了,则开始将亚洲主义变成国家的意识形态,到最后演变成"大东亚共荣圈"的叫嚣。这就变质了。子安宣邦说自己是经历过战争的人,不允许这样蒙混过关的理论招摇过市。他认为民族间的交流,新的亚洲各民族之和平共生的政治生态的建立，要以民族平等为基础。这是历史上日本亚洲主义的最大的失败教训之一。

所以子安宣邦强调，竹内好后来讲的亚洲只是"作为方法的亚洲"，是一个思想抵抗线，并非作为实体的存在。否则，我们将会重复失败的历史。这应该是子安宣邦继承和批判竹内好最深刻的地方。

把鲁迅放在质疑现代性的思想斗争中心位置

问：竹内好对于鲁迅的推重、日本学界与民间对鲁迅的热情，与鲁迅本人在有生之年对于日本的保持沉默，形成了一种奇特的落差。不妨先说说竹内好的鲁迅论？

答：是。鲁迅对于日本始终保持着一种谜一般的沉默，很少像周作人等那样谈论日本及其文化。这恐怕与他的日本留学经历有关——所谓"寂寞的仙台"与"孤独的东京"都表明鲁迅在日生活并不顺畅，而明治后期的日本民族主义高涨，应该是鲁迅感到压力的原因之一。从1945年到20世纪70年代这三十余年间，竹内好这一代人把鲁迅推到了日本战后思想论坛、社会批评的中心位置。一个日本曾经想要征服的"落后国家"的作家，在"二战"以后反倒成为日本人反省自己近代化历史的思想道标，这个确实是奇迹。

我一直在强调，日本的鲁迅研究水准之高，不在于他提出多少重大的理论阐释架构，而在于他们强有力地把鲁迅放到质疑日本现代性的思想斗争的中心位置上，这样就把鲁迅激活了。在此，鲁迅成为内在于日本战后思想的一个"内部他者"。

问：日本人对于鲁迅的热情，其根源是？

答：因为1945年日本的战败，而1949年曾经被他们蔑视的半殖民地中国却取得了革命胜利，这个现实的反差太大。所以"二战"以后，就有一批倾慕中国革命的日本学者在不断挖掘中国现代历史上的思想资源，包括对孙中山、鲁迅、毛泽东，他们都有很深入的研究，也提出好多有价值的议题。

比如，刚才讲的"抵抗"这个概念，就是竹内好从鲁迅那里挖掘出来的。他认为日本的现代化是没有抵抗的现代化，日本是一个一切都学习西方的优等生，结果不仅学到了现代文明，同时也复制了西方的帝国主义逻辑；中国是在不断抵抗中建立起自身的主体性，而走出一条与西方和日本不同的现代化道路。

问：但竹内好等人对鲁迅以及中国革命的阐释，是否有"一厢情愿"、过度理想化的想象存在？鲁迅的精神，与当下比较重要的联系在哪些方面？

答：当然有。就是说，"二战"后那一代日本知识分子在中日两国没有国家关系而无法实现学术交流的情况下，从自身的问题意识出发对鲁迅进行观察，其过重的寻找日本出路的主体意识投入，不免会产生妨碍科学研究客观化的偏颇。不过，我要强调这种理想化是可以理解的。欧洲左翼在"二战"后对毛泽东的游击战和根据地的理论神化乃至对中国革命的理想化，一样也有想象的成分。

至于鲁迅精神与当下的关联问题，我曾经提出鲁迅研究的"再政治化"主张。这不是说像过去那样要把鲁迅作为政治工具，做庸俗社会学的解释。关键是，我们能否深刻地洞见当下世界所面临的根本问题与鲁迅思想内在的历史性关联。今天，要重新认识和理解鲁迅身上源自革命和现代性悖论的矛盾紧张，以及他面对时代课题所做出的判断与承担，有必要将鲁迅"再政治化"。所谓"再政治化"，即站在今天我们对于20世纪中国历史乃至世界史的全新认识基础上，再次将鲁迅的思想和文学放到他所属的那个时代的语境中，重新发现他与那段历史的血肉联系，从中寻找鲁迅思想对当今的启示。

说到鲁迅思想和当下的联系，比如，鲁迅从留学日本时期就提出的"立人"思想，即先有自由独立的个体，摆脱了愚昧顺从，然后才有独立个人联合而成的健全合理的国家之形成。这个问题，我们今天真的完成了吗？鲁迅那种反抗强暴同情弱小而不屈服的精神，今天依然是我们所缺乏的。

问：我注意到你一直在研究周作人，除了观察过他的民族国家意识及思想文学，等等，他对你还有怎样的启发？

答：我关注周作人的确由来已久，而我的东亚同时代史视角的形成，实际上也受过周作人的启发。比如，周作人和鲁迅不同，鲁迅对日本始终保持沉默，但周作人是不断地讲日本的。讲中日文化关系，别人是同中求异，他却是异中求同，就是要研究中日两个民族在文化上的东亚共通性。最后，甚至归结到共通的"东洋人的悲哀"上来。

周作人在1936年的《怀东京》里写到，自己妄谈日本文化"并非知彼知己求制胜，只是有感于阳明之言，'吾与尔犹彼也'……"。就是说，兵家所言的"知彼知己"不是自己的目的，王阳明那种对毙命路旁的陌生人能感到同为人类而悲悯之的态度，才是周作人对待日本和中日文化关系的关键。这和我讲的"东亚同时代史"虽然不完全是一回事，但确实受到了启发。我们能不能把中日两国的思想文化问题放在一个现代历史的进程中来，不仅关注两国现代化过程的矛盾抗争甚至战争仇恨等历史断裂，也要看到更复杂的"你中有我、我中有你"的关联呢？比如，尾崎秀实、橘朴等就是很好的例子。这样，好多历史的面向就会被重新展现出来。

就像我在2020年年初的一个沙龙上讲过的那样，我心里边是有两个故乡的。套用周作人的话来说，中国是我的第一故乡，日本也可以说是第二故乡了。我认识和了解很多普通善良的日本人，他们表面上不说，心里对那场战争是有忏悔和反省的。我希望能够做一点事，真正达到两个民族的历史和解。这是我研究中日思想文学关系，而强调东亚同时代史视角的学术动力所在。

中日之间应该没有根本性冲突

问：在《中日间的思想》这本书的最后，你提到了2011年的东日本大地震和"灾难共同体"的形成，并提出文化国家的走向问题。

答：是的。2011年的东日本大地震，由海啸造成家园的毁灭而且房屋坍塌那么严重，但日本民众秩序井然，传统的共同体社会兄弟般友爱互助的精神得到再次迸发，这给全世界留下了深刻印象。我从中想到"二战"后日本的国家走向。"二战"以后日本人在和平宪法的约束下，渐渐产生了文化国家的理念，即不是以武力为解决国际争端的手段，而是以经济文化的交流来实现与外部世界的关系建构。

问：但我们经常会看到日本右翼势力的抬头，"文化国家"理念是否在日本形成过国家战略？

答：实际上在20世纪70年代，主要是大平正芳内阁的时候,他们意识到了"文化时代"的到来,并提出在文化上推进日本的国际化等方针政策。早在"二战"后初期,众多日本文化人也曾经提出过"文化国家"的理念。

但20世纪90年代以后,日本经济开始滑坡,历届政府不断重新炒作民族主义,而出现右倾保守化倾向,到小泉纯一郎时代达到顶峰。这造成日本和中国、韩国等东亚各国的关系恶化。

问:有人说经过新冠肺炎疫情,可能会迎来中日关系的回暖或高潮。你怎么看?

答:大家是看到了前一阵子日本民间对华的真诚援助,尤其感动于那"山川异域、风月同天"等的表示吧。确实,几句千年前的古诗文一下子打动了中国和日本的民心,说明我们的友好是有悠久的历史根基的。

从长远的观点看,我还是看好中日关系。现在两国之间应该没有根本性的冲突。真正冲突的是中美之间。在战后七十余年里,日本虽然未能成为政治大国,但是日本人享受到了经济繁荣和日美同盟的利好,过着比较富裕自由的生活。近几年来,中国的发展及其经济规模已经相当于日本的两倍。从国家实力上讲,将来日本和中国不构成对抗。

当然,日本曾经的对于亚洲殖民侵略的历史,始终是让中国和亚洲其他国家难以逾越的。所谓的国恨家仇,我们既不能遗忘,也不应该刻意抹消。我们学者要做的工作就是,在学理和道义上对日本曾经的帝国主义战争批判不放松。我推崇子安宣邦也正在于此。只有在这个基础上,才能找到真正的历史和解之路。

(原题为《赵京华:以东亚同时代史角度寻求中日真正和解》,载《南方人物周刊》2020年第13期)